W0178508

Schirner
Verlag

Die Autorin

Jeanne Ruland ist Buchautorin mit langjähriger schamanischer Ausbildung und umfangreicher praktischer Erfahrung im Umgang mit den Energien der geistigen Welt. Durch ihre vielen Reisen kam sie in tiefe Berührung mit unterschiedlichen Wegen und Kräften, die jedoch im Kern alle zur Einheit, zu Gott, zur Quelle führen. Ihr Wissen gibt Jeanne Ruland in die Welt, um andere im Herzen zu berühren.

www.shantila.de

Das Buch

Die Rauhnächte sind heilige Nächte. Wir beschreiten in dieser Zeit einen Torweg, eine Wendezeit, die das vor uns liegende Jahr zu deuten hilft und es sogar beeinflussen kann. Das Rad des Schicksals dreht sich. In diesen Nächten webt sich das neue Jahr in den feinstofflich geistigen Bereichen. Es ist eine Zeit, die besonders achtsam und bewusst begangen werden sollte.

Dieses Büchlein möchte Sie für das Besondere dieser Zeit öffnen, Ihnen verschiedene Blickwinkel auf diese Zeit geben und Sie durch diese Zeit begleiten. So werden alte, neue und aktuelle Bräuche aufgezeigt, und im praktischen Teil werden Sie durch die 12 heiligen Nächte geführt, die stellvertretend für einen Monat im neuen Jahr stehen.

Die Adventszeit und die Rauhnächte bieten eine ganz besondere Gelegenheit. Möge das Büchlein Ihnen viele neue Einsichten und Inspirationen schenken. Mögen Sie durch das Büchlein Ihre Jahre lichtvoll lenken und gestalten. Mögen Sie diese Zeit als tiefgreifend und wertvoll erleben. Möge es viel Segen in die Welt bringen.

Jeanne Ruland

Das Geheimnis der Rauhnächte

Ein Wegweiser durch die zwölf heiligen Nächte

Schirner
Verlag

ISBN 978-3-89767-865-1

Jeanne Ruland:
Das Geheimnis der Rauhnächte
Ein Wegweiser durch die
zwölf heiligen Nächte
© 2009 Schirner Verlag, Darmstadt

Umschlag: Murat Karaçay, Schirner, unter
Verwendung verschiedener
Motive aus www.fotolia.de
Redaktion: Heike Wietelmann, Schirner
Satz: Heike Wietelmann, Schirner &
Tamara Kuhn, Schirner
Fotos: www.fotolia.de
Printed by: OURDASdruckt!, Celle, Germany

www.schirner.com

9. Auflage 2011

Inhalt

Die Rauhnächte

Die Erde empfängt in ihrem Schoß
das Licht der neuen Zeit.
Es wird gewogen und gehalten, bis es stabil genug erscheint,
um sich ins Leben zu erheben.
Sonnenkind, beleuchte die Welt
mit den Strahlen des neuen Morgens.
Bringe Hoffnung, Frieden und neue Kraft.
Du hast den Sieg schon errungen,
auch wenn der Kampf noch bevorsteht.
Wenn wir uns mit dir verbinden,
werden wir von deinen Strahlenkräften sicher geleitet.
Erlöse – befreie – erwecke mit deinem Sonnenlicht.

Die Mächte des Schicksals wirken in dieser Zeit,
verdrängte Erinnerungen,
unruhige Nebelfetzen in unseren Träumen,
klebrige Spinnfäden der Vergangenheit,
die nicht zu Ende gesponnen wurden,
dunkle Geheimnisse, die ungesehen
tief in der Seele flackernd verweilen.
Hungrige Wölfe, die in der bitteren Kälte der Nacht
umherstreifen und nach warmem Blut dürsten,
Seelen, die Rache und Ausgleich fordern
und nach Gerechtigkeit rufen.
Alte Rechnungen wollen beglichen werden.
Ahnengeister in grauen Gewändern warten in der Nacht,
senden Ahnungen - gib gut acht!
Odin, die Percht mit ihrer Wilden Jagd, ziehen umher,
wittern die alten dunklen Spuren,
denn im Sein geht nichts verloren.

Rütteln an den Fenstern,
kalte, schneeverwehte Weiten.
Bist du bereit, in das Neue zu gleiten?
Die Prüfung der Taten,
das Bemessen und Abwägen stehen an.
Die Nornen an den unterirdischen Quellen
schauen das gewebte Muster des Lebens an.
Mit was bist du sichtbar und unsichtbar verbunden,
was hast du getan auf deinen Lebensrunden?
Wie sieht das Muster deines Lebens aus?

Geistiges Gericht wird gehalten,
um die Schicksalsfäden neu zu bestimmen.
Wanderer zwischen den Welten –
schaue tief in dich hinein,
betrachte deinen Schatten und deinen Ahnenschrein.
Das Schicksal ist genau bemessen –
es liegt auch in deiner Hand.
Wie leitest du den Schicksalsfaden
in deinem geistigen Gewand?
Verbinde dich zurück
mit dem geistigen Ursprung deines Seins.
Der Zufall bringt dir das, was dir zufallen soll.
Nichts kommt von ungefähr in dein Leben.
Von langer Hand vorbereitet
sind die Schicksalsweichen.
Nimm an, was du erfährst
in diesen raunenden Nächten,
hör zu, sei da, lausche dem Wind,
dem himmlischen Kind,
das neue Kunde für dich bringt.
Möge das neue Jahr viel Segen für dich bringen,
und du nicht mit alten Kräften ringen.

Vorwort

*Alle Jahre wieder, kommt das Christuskind
auf die Erde nieder, wo wir Menschen sind.
Kehrt mit seinem Segen ein in jedes Haus.
Geht auf allen Wegen mit uns ein und aus.
Steht auch mir zur Seite, still und unerkannt,
dass es treu mich leite an der lieben Hand.*
Wilhelm Hey (1789-1854)

Die Vorbereitungen für die heilige Nacht, in der das Licht wiedergeboren wird, beginnen mit dem ersten Advent. Advent bedeutet »Ankunft«. Wir erwarten die Ankunft des ewigen Lichtes, das in der dunkelsten Nacht wiedergeboren wird. Wir machen Pläne, backen, gehen in die Stille, beschäftigen uns mit geistigen Inhalten und heiligen Büchern, singen, kaufen ein, verpacken Geschenke, schreiben Karten mit Danksagungen und Segenswünschen und überlegen uns, wie wir dieses Fest begehen wollen.

Weihnachten ist Feier- und Ferienzeit. Wer es ermöglichen kann, sollte sich in diesen Tagen freinehmen und diese Tage »zwischen den Jahren« genießen. Wir beschreiten einen Torweg vom alten ins neue Jahr und haben Gelegenheit, zurückzuschauen und uns mit einem kleinen Geschenk bei all jenen zu bedanken, die uns durch das Jahr begleitet haben. Wir knüpfen die Familienbande neu und stärken damit unsere Wurzeln. Wir treffen Freunde, um miteinander Spaß zu haben, uns auszutauschen, uns gegenseitig eine Freude zu bereiten und die Wiederkehr des Lichtes zu feiern.

Wir schauen zurück und gleichzeitig nach vorn: Was lassen wir hinter uns, und was nehmen wir mit in das neue Jahr? Was wird es uns bringen? Was werden wir erleben? Was wollen wir jetzt schon planen? Wir orakeln und achten auf Zeichen, um einen Blick in die Zukunft zu wagen.

Die Weihnachtszeit ist eine geheimnisvolle, mystische Zeit, in der sämtliche Tore zu anderen Dimensionen geöffnet sind. Diese reichen vom Menschenreich über das Reich der Toten, das Reich der Naturwesen bis hin zu dem der Engel und den kosmischen Reichen. Ein Segensstrom geht auf die Erde nieder. Erneuerung und Heilung können auf allen Ebenen geschehen.

Über diese Zeit möchte ich in diesem Büchlein berichten. Das, was sie so besonders macht, hängt nicht unbedingt mit den religiösen Riten und Gebräuchen zusammen, denn es ist ein kosmisches, ein Naturereignis und wiederholt sich Jahr für Jahr, unabhängig von Moden und spirituellen Trends.

Im Wandel der Geschichte hat diese besondere Zeit im Jahr viele Namen bekommen und ist auf vielerlei Weise gefeiert worden. Doch das Wesentliche der Weihe-Nächte, des ewigsegnenden Lichtes, des Abwägens und Neuaushandelns und des Torwegs zum Neuen ist gleich geblieben.

Wir leben in einer Zeit der Wandlung. Vieles findet zurück zu seinen Wurzeln, Kreise schließen sich, und mehr Möglichkeiten denn je stehen uns offen, diese heilige Zeit zu feiern. Wer diese Nächte bewusst begeht, kann die Weichen für das bevorstehende Jahr günstig stellen, um so ein erfülltes Leben im Einklang mit der höheren Natur zu führen. Daher möchte ich Ihnen traditionelle Gebräuche, Wurzeln, Brauchtümer und neuere Wege vorstellen, die Sie inspirieren werden, diese Zeit bewusst und aktiv zu feiern.

Möge alles durch uns Miterschaffene, mit dem wir sichtbar und im Verborgenen verbunden sind, eine segensvolle Wirkung entfalten. In diesem Sinne wünsche ich eine gesegnete Weih-Nachts-Zeit und ein glückliches, lichtvolles neues Jahr, voll Zuversicht und Kraft.

Mögen Sie in diesem Büchlein einige neue Impulse und Anregungen finden, diese Zeit bewusst zu begehen. Guten Rutsch und viel Segen auf allen Wegen.

Holla,
Jeanne Ruland

Was in der Natur passiert

Zur Vorweihnachtszeit, Ende November, beginnt das goldene Tor sich zu öffnen. In der Zeit des Skorpions, die von Ende Oktober bis Ende November andauert, haben wir bereits unbewusst Einkehr gehalten, sind tief zu unseren Wurzeln, zum eigentlichen Kern, der unser Erdendasein ausmacht, zurückgekehrt. Ein weiteres Stück Vergangenheit ist bewältigt worden und neue Lichtimpulse sind gefunden.

Die Natur hat sich nun vollständig in das Innere der Erde zurückgezogen. Die Nebelnächte lösen sich langsam auf, und es beginnt die Zeit der klaren, kühlen Luft, der Kälte und des ersten Schnees. Tiere und Naturwesen beginnen ihren Winterschlaf.

Die Schneedecke legt sich sanft und still über die Natur, damit diese sich von den Spuren des alten Jahres erholen kann. Die Seen sind zugefroren, die Natur hat ihr altes Kleid bis auf die Grundstrukturen abgestreift. Kalte Winde wehen um die Häuser, und Wolken, die Schnee und Regen bringen, ziehen über das Land.

Der Abstieg in die Dunkelheit ist mit Beginn des Tierkreiszeichens Schütze Ende November beendet, obwohl die Tage in den darauffolgenden Wochen noch kürzer und dunkler werden. Der Feuerimpuls ist aufsteigend und tätig, denn das Licht, das in der Tiefe gefunden wurde, wird nun nach oben getragen, damit es dort als neue Flamme entzündet werden kann.

Die Geburt des Lichtes wird von den Erden- und den kosmischen Kräften gleichermaßen vorbereitet und findet sowohl in der Natur als auch in uns selbst statt.

Der Sternenhimmel leuchtet in den Dezembertagen oft besonders klar und schön. Wir erheben den Blick zu den Sternen in einer übergeordneten visionären Sicht.

Die Nornen, die Schicksalsweberinnen, weben in dieser Zeit die unsichtbaren Fäden für das kommende Jahr. Alles beginnt nun, sich auf die Wiedergeburt des Lichtes vorzubereiten. Ein besonderer Zauber liegt in der Luft.

Die Adventszeit – der 28-Tage-Prozess

Die Zeit, in der wir uns auf die Wiedergeburt des Lichtes vorbereiten, wird heute allgemein Adventszeit (*adventus*, lat.: »Ankunft«) genannt und umfasst vier Sonntage.

Die vier Adventssonntage besagen:
1. Advent: Ich bin (Einheit – alles ist eins),
Element Luft – Idee, neuer Funke
2. Advent: Du bist (Zweiheit – Polarität, weiblich/männlich),
Element Wasser – Fühlen der Idee
3. Advent: Wir sind (Dreiheit – Einweihung),
Element Feuer – aktives Handeln
4. Advent: Es sei (die unendlichen Möglichkeiten des Göttlichen, die aus der Dreiheit entstehen),
Element Erde – Materialisation

Die vier Sonntage erinnern an die heilige Zahl Vier, die wir auch bei den Jahreszeiten, den Elementen, den Himmelsrichtungen und den vier Säulen wiederfinden, die Stabilität und damit eine sichere Grundlage garantieren, auf der Neues wachsen kann.

Wenn ein Paradigmenwechsel stattfindet, ein neues Muster entsteht oder eine neue Verhaltensweise eingeübt werden soll, dauert es 28 Tage, bis es sich gefestigt hat. Dies hängt mit dem Zyklus des Mondes zusammen, der ebenfalls 28 Tage dauert und währenddessen sich Energie ab- und wieder aufbauen kann. Wenn wir etwas in unserem Leben grundlegend verändern wollen, ist es sinnvoll, mindestens 28 aufeinanderfolgende Tage konsequent an einer neuen Vorstellung, einem neuen Glaubenssatz zu arbeiten, damit sich diese Veränderung in unserem Leben einstellen und positiv auswirken kann. Die Adventszeit stellt einen solchen Zeitraum dar.

So können wir am 1. Advent überlegen, was wir in unserem Leben grundlegend verändern möchten. Welche Glaubenssätze uns daran hindern, Erfolg, Glück, Gelingen oder Segen zu erfahren. Welchen neuen Gedanken, welches Gefühl, welche Qualität wir in den nächsten 28 Tagen halten möchten, damit es sich in unserem Leben manifestieren kann.

Die Adventszeit – als Zeit der Stille und der Ankunft – bietet uns auch die Möglichkeit, spirituelle Übungen oder Meditationen so zu gestalten, dass wir das universelle Gesetz der Anziehung nutzen und neue Visionen, Gedanken und Ideen in unser Leben einkehren lassen.

So können wir uns zum Beispiel in den kommenden 28 Tagen vornehmen, ganz im Frieden zu sein und eine Herzwunschvision festzuhalten. Auf diese Weise kommen wir zu uns selbst und sind offen und bereit, das neue Licht in uns zu empfangen.

Gestalte das Wunder, das du bist, aktiv mit.
Die Adventszeit ist dafür hervorragend geeignet.

Die Rauhnächte beginnen

Die Rauhnächte werden von einem sich ewig wiederholenden Naturereignis eingeleitet: der Wintersonnenwende am 21. Dezember. Es gibt noch weitere Rauhnächte im Jahreskreis, die nicht zu den Tagen »zwischen den Jahren« gehören. Doch zunächst hier einige Informationen zur Wintersonnenwende.

Wintersonnenwende - Julnacht

Am 21. Dezember, in der dunkelsten und längsten Nacht des Jahres, wird das Licht wiedergeboren. Der 22. Dezember bedeutet Stillstand und Einheit. Der 23. Dezember steht für Dualität und Fruchtbarkeit. Der 24. Dezember stellt die endgültige Wende dar, denn erst nach drei Intervallen vollzieht sich der Umschwung der Erdachse, und das strahlende Kind (das Licht) ist geboren.

Mittwinter, der auch »Julfest« genannt wird, ist ein Fest der Sonne und der Erde. Es ist eine Zeit der Einkehr, der Stille, der Weihung und Segnung für das, was sich uns im neuen Jahreszyklus offenbaren wird. Es ist eine Zeit der Reinigung und Vorbereitung, der Vorschau auf das Kommende. Nach der Wintersonnenwendnacht muss das neugeborene Licht im Mutterschoß gehütet werden, damit es stark genug wird, um wieder aufzusteigen.

In frühen Zeiten galt die Wintersonnenwende als Mutternacht, weil man sich vorstellte, dass das Licht durch die Bewegungen im Schoß der Mutter Erde oder der großen Göttin neu hervorgebracht wird.

In der »Edda«, einer Sammlung nordischer Dichtungen des

12. und 13. Jahrhunderts, finden wir zu Weihnacht: »Eine Tochter gebiert die strahlende Göttin, ehe der Wolf sie würgt.« Die Zeit um Weihnachten wurde daher sicher auch als »Wolfmond« bezeichnet, weil der »Wolf« versucht hatte, die Sonne zu verschlingen. So ging man davon aus, dass die Sonne – symbolisch für das neue Licht, das schnell von vergangenen Ereignissen überdeckt und verschlungen werden kann – gehütet werden müsse.

Nach der Geburt des Lichtes beginnt für zwölf Tage und Nächte Odins »wilde Jagd«. Die Wiederkehr des Lichtes hat schon stattgefunden, doch praktisch liegt die kälteste und härteste Zeit des Winters noch vor uns.

Die Wintersonnenwende wird gefeiert, um daran zu erinnern, dass die noch zu erwartende Dunkelheit ihren Kampf bereits verloren hat. Dies gibt Mut, Kraft und Hoffnung, diese bevorstehende Zeit gut und zuversichtlich zu meistern.

In früheren Zeiten nutzte man die Zeit der Rauhnächte, um zu feiern, alte Weisheiten und Geschichten weiterzuerzählen, zu lauschen, in sich einzukehren und das neue Jahr für sich zu planen. Was steht im neuen Jahr an? Was liegt vor uns?

Thomastag und Thomasnacht

Im Christentum wird der 21. Dezember auch Thomastag genannt, was an den ungläubigen Thomas, einen der zwölf Apostel Jesu, erinnern soll.

Er ist der kürzeste Tag des Jahres. In einigen Gegenden beginnt am Thomastag ein zwölf Tage andauerndes Glockengeläut, das die bösen Geister, die in dieser Zeit umhergehen, vertreiben soll. Der Thomastag war früher auch der Tag der

Richter und des Rates. Eine einjährige Amtszeit konnte beendet werden oder beginnen.

Es gibt viele Bräuche in der Thomasnacht, wie das »Durchsitzen« oder »Durchspinnen«. Hierbei geht man davon aus, dass es in dieser Nacht möglich ist, in die Zukunft zu sehen und das Schicksal neu zu weben. Viele Bräuche wurden dabei aus alten Riten der Julnacht übernommen.

Alban Arthuan

Eine weitere alte Bezeichnung für die Wintersonnenwende am 21. Dezember, was oft drei bis vier Tage gefeiert wurde, ist »Alban Arthuan«, was so viel wie »das Licht des Arthurs« bedeutet.

Für die Druiden war dies ein Fest, bei dem rituell die Trauer über den scheinbaren Tod des Lichtes zum Ausdruck gebracht wurde. Das Wunder ist geschehen, das Licht ist wiedergeboren. Das Kind des Lichtes liegt in den Armen der dunklen, tief weiblichen Mutter. Die darauffolgenden Nächte waren heilige Mutternächte und dienten der Vorausschau auf das kommende Jahr. Medizin, rituelle Gegenstände, Wasser und andere Dinge wurden in diesen Nächten gereinigt und geweiht und heilige Zeremonien durchgeführt.

24. Dezember – Heiligabend

Schon im frühen Christentum wurde die Geburt Christi auf den 24. Dezember gelegt. Das Christuslicht bzw. die Geburt des Gottessohnes steht für Hoffnung, Wiederkehr, Sieg und Erlösung.

In der Nacht vom 24. auf den 25. Dezember durchläuft die Sonne den tiefsten Punkt im Jahreslauf. Im Osten steigt das Sternbild Jungfrau empor. In dem Augenblick, in dem die Jungfrau ihre Füße auf den Horizont setzt, weiß man, dass die Sonne wieder aufwärtssteigt und damit der Welt neues Leben beschert.

Wie die Sonne im dunklen Schoß der Mutter Erde, so ist auch Jesus der Überlieferung nach in einem Stall oder einer Höhle zur Welt gekommen. Mutter Maria steht sinnbildlich für das weibliche Prinzip, Josef für das männliche, die Hirten für das offene Herz und die Engel für das Licht der Quelle. Die Heiligen drei Könige, deren Huldigung im Stall zu Bethlehem am 6. Januar gedacht wird, symbolisieren die Erkenntnis und den Aufbruch in eine neue Zeit. Während der Rauhnächte sind sie dem Stern gefolgt, um das neugeborene Christuskind mit Gold, Weihrauch und Myrrhe zu beschenken, welche die Stadien im Rad des Lebens symbolisieren.

Den die Sonne verschlingenden Wolf können wir im Evangelium in Gestalt des König Herodes wiederfinden, der – als er erfährt, dass der Sohn Gottes geboren wurde – den Mord an allen Säuglingen und Kleinkindern im Land befahl.

Besondere Naturphänomene in den Rauhnächten

Hörst du das Raunen in der Nacht,
raue Tage sind entfacht.
Der Tag ist kurz, die Nacht ist lang,
kalt, hart, still liegt alles da.
Werde des Unsichtbaren gewahr.
Frösteln, schauern, sich still zusammen kauern,
in der Stille offenbart sich leise
der Samen für die Weiterreise.
Mond und Sternenlicht dich führen,
öffnen dir verborgne Türen.

Ein Mondjahr, also zwölf ca. 28-tägige Mondzyklen, besteht aus 354 Tagen. Bis zu den 365 Tagen des Sonnenjahres fehlen demnach zwölf Nächte. Diese elf bis zwölf Nächte werden mit unseren Rauhnächten gleichgesetzt und gelten – weil »außerhalb der Zeit« – als mystisch und magisch: Das Schicksal kann neu ausgehandelt und die Zukunft vorausgesagt und beschworen werden. Das Naturgeistervolk zieht aus, um in diesen Nächten die Kräfte neu zu weben und zu verändern.

In den meisten Regionen beginnen die Rauhnächte in der Nacht des Heiligabend (vom 24. auf den 25. Dezember) und enden mit dem Dreikönigstag in der Nacht zum 6. Januar.

Es gibt aber auch andere Ansichten bezüglich des Zeitraumes. So wird mancherorts die Nacht vom 21. auf den 22. Dezember (also die Julnacht) als erste Nacht begangen.

Während der Rauhnächte kann man einige besondere Naturereignisse beobachten. Zunächst erleben wir bei der Wintersonnenwende, dass die Sonne in immer kleiner werdenden Bögen über den Himmel wandert. Am 21. Dezember hat sie ihren tiefsten Stand erreicht. Es ist der kürzeste, der dunkelste Tag des Jahres. Die Dunkelheit scheint über das Licht zu triumphieren. Dies ist die »Wende-Zeit«, denn von diesem scheinbaren Nullpunkt aus dringt das Licht tief in die Dunkelheit ein und erweckt den schlafenden Lichtsamen in allem. Und schon bald beginnen die Säfte in der Erde, sich wieder zu regen.

Das Licht

Da die Sonne in dieser Zeit extrem tief steht, bekommt das Licht einen fein schimmernden, goldenen Glanz, und feine Farbnuancen entstehen.

Die Menschen

Für feinfühlige Menschen ist die erhöhte feinstoffliche Aktivität des Geistigen geradezu spürbar, vielleicht besonders deshalb, weil sich in der Natur scheinbar nichts regt. Die Qualität des neuen Jahres scheint sich in dieser Zeit regelrecht zu offenbaren. Außerdem heißt es, dass man die Tiere reden hören und die feinstofflichen Bewegungen im alles miteinander verbindenden Netz beobachten könne. Inmitten der scheinbaren Stille herrscht jedoch in den feinstofflichen Gefilden ein reges Treiben.

Die Tiere

Rehe hüten ein »Rauhnachtgeheimnis«: Im August findet ihre Brunftzeit statt. Das befruchtete Ei verbleibt bis Weihnachten im Eileiter. In den Rauhnächten beginnt das ruhende Ei, sich zu entwickeln, und ein neues Wesen auszubilden. Rehe, Elche und Hirsche sind die Tierführer des Weihnachtsmannes, der die Geschenke und Belohnungen bringt und damit Neugierde, Liebe und Freude in den Menschen weckt, sodass sie zuversichtlich ins neue Jahr gehen können.

Die Pflanzen

Es wurde wissenschaftlich nachgewiesen, dass in der Zeit der Rauhnächte, besonders um die Silvesternacht, die Ruhephase in den Pflanzen und Samen ein Ende hat. Tief in der Erde beginnen die Samen, langsam zu erwachen, zu keimen. Die Pflanzensäfte beginnen sich zu regen und wieder zu steigen. Dies kann besonders an den Bäumen beobachtet werden. Unter dem Eis der zugefrorenen Seen beginnen die Algen sich zu bewegen.

Die Elemente

Die Elemente Erde, Wasser, Feuer und Luft zeigen sich in mehr oder weniger ausgeprägten Formen, die eine Bedeutung für das neue Jahr haben. Es ist also eine besonders gute Zeit, um Wetterorakel durchzuführen.

Verschiedene Namen
für die zwölf heiligen Nächte

Die zwölf heiligen Nächte werden auch als Weihnächte, Glöckelnächte oder Rauchnächte bezeichnet. Diese Namen sind unterschiedlichen Ursprungs und haben verschiedene Bedeutungen, die die Qualitäten dieser Nächte in ihren verschiedenen Facetten wiedergeben. Die Herkunft der Namen wird verschiedentlich diskutiert. Es gibt wissenschaftliche Untersuchungen und Volksweisheiten, die – ohne sie zu hinterfragen – von Generation zu Generation weitergegeben wurden. Im Folgenden finden Sie eine Auswahl an Namen, Erklärungen und Bräuchen, die nicht wissenschaftlich fundiert sind, sondern größtenteils aus dem Volksmund stammen.

Rauhnächte

Die Rauhnächte bezeichnen die Zeit zwischen den Jahren, die Niemandszeit, Übergangszeit, mystische Zeit. Die Geistige Welt erwacht zum Leben und zieht umher. Alte Strukturen werden aufgebrochen, damit neue entstehen können.

Der Name »Rauhnächte« geht wohl auf das mittelhochdeutsche Wort »ruch« (haarig) zurück und stellt einen Bezug zum Tierfell her. In diesen Nächten wurden vielerorts Rituale und Zeremonien rund um das Vieh durchgeführt sowie Maskenumzüge zur Vertreibung der bösen Geister abgehalten, bei denen auch Felle verwendet wurden.

In diesen Nächten zieht die Wilde Jagd umher, um das Gleichgewicht wiederherzustellen. Verborgene Triebfedern werden offensichtlich. Unrecht, das geschehen ist, tritt zutage und verlangt nach Ausgleich. Die Rauhnächte sind unter anderem auch den mystischen Wesen, die aus der Verwandlung von Tier und Mensch hervorgingen, geweiht. Auch heute noch ziehen in verschiedenen Regionen der Alpen Menschen, in Tierfelle gekleidet, durch die Dörfer, um Gerechtigkeit zu üben und Menschen vor Lug und Betrug zu warnen bzw. ihr Gewissen zu prüfen. Die Wahrheit offenbart sich. Es ist die beste Zeit, um auch hinter die eigenen Schatten zu schauen und diese zu wandeln.

Wolfsnächte

Die Tage der Rauhnächte werden auch Wolfsnächte oder Wolfsmonde genannt. Wölfe kamen einst in dieser Jahreszeit auf der Suche nach Nahrung besonders nah an die menschlichen Siedlungen heran. Man konnte sie in der Nacht den

Mond anheulen hören und erlebte nicht selten, dass sie Menschen oder auch Tiere in den Stallungen angriffen.

Der Wolf steht auch mit dem Ahnenreich in Verbindung und mit der Qualität der Führung einer Gemeinschaft. Schamanen und Stammesführer gingen in dieser Zeit für gewöhnlich in die Einsamkeit, um nach Zeichen und Antworten für die Weichen und Wege des neuen Jahres Ausschau zu halten.

Rauchnächte

Diesen Namen leitete das gemeine Volk von den Nebeln her, die sich in dieser Zeit oft bilden, den kalten Winden und

Stürmen, die um das Haus wehen und dem Rauch der offenen Feuer, die in dieser Zeit üblich waren, um sich zu erwärmen. Traditionell war es auch üblich, Räucherrituale durchzuführen, um Haus und Hof zu reinigen, Dämonen fernzuhalten und Krankheitserreger zu vernichten. Hierzu wurden vor allem einheimische Kräuter, wie Bilsenkraut, Salbei, Holunderrinde oder Fichtenharz verwendet. Später übernahm vorzugsweise der Pfarrer oder der Hausherr unter Verwendung von Weihrauch die traditionellen Räucherungen.

Neben den Räucherungen war es üblich, Haus und Hof zu reinigen, um sich für das neue Licht und das neue Jahr bereit zu machen, Dämonen auszutreiben und Unheil abzuwenden. Die traditionellen Rauchnächte sind der 21., der 24. und der 31.12. sowie der 5.1.

Rauhnacht

Der Name »Rauhnacht« soll aber auch von dem Wort »raunen« abstammen. Während der zwölf Rauhnächte soll der Überlieferung nach Wotan und andernorts die Percht zur Wilden Hetz oder Jagd aufbrechen.

Der Volksglaube besagt, dass in diesem Zeitraum das Reich der Seelen der Verstorbenen offensteht, die Geister also gewissermaßen Ausgang haben. Die unerlösten Seelen verlangen nach Ausgleich und Gerechtigkeit. Die lichtvollen und geliebten Ahnen, an die sich unsere Vorfahren gerne wandten, gaben gute Ratschläge, Segenswünsche und Hinweise. Daher ist diese Zeit gut geeignet, auf das Raunen der Geister zu hören bzw. Geisterbeschwörung, Ahnenarbeit oder Geisteraustreibung durchzuführen. Viele Orakeltechniken und wahrsagerische Praktiken beruhen auf dem Zuraunen der Geister, die in dieser Zeit umherziehen.

Glöckelnächte

Der Name »Glöckelnächte« stammt von dem traditionellen kirchlichen Glockengeläut, das in verschiedenen Regionen auch heute noch ab der Thomasnacht oder der Weihnacht zwölf Nächte lang abgehalten wird, um die bösen Geister fernzuhalten.

Das Geheimnis der Zeit

Die Rauhnächte sind Nächte zwischen den Zeiten. Zeit und Raum existieren nicht. Wir kehren dort ein, wo wir vor der Geburt und nach dem Tod weilen, um Bilanz zu ziehen, unser Leben zu reflektieren und uns neu auszurichten. Wir können uns in dieser Phase des Jahreskreises dem großen Geheimnis zuwenden und durch die Deutung der Geschehnisse und der Träume, die uns in dieser heiligen Zeit gesendet werden, die Richtung für das neue Jahr erkennen.

In dieser Zeit geschieht Gerechtigkeit durch den Karmischen Rat und die Wilde Jagd, die alles sieht und weiß, auch das, was verheimlicht und verschwiegen wurde, gemein und hinterhältig war oder aus Eigennutz zum Schaden des anderen geschehen ist und Ausgleich fordert. Erkenntnis, Gnade und Vergebung sind der Weg, diese Dinge zu wandeln.

Weiter ist dies eine Zeit der Reinigung, Austreibung, Räucherung, Beschwörung sowie der aktiven Gestaltung und Neuausrichtung. In dieser Zeit kann der Rat von den lichtvollen Ahnen, den Engeln und der Geistigen Welt eingeholt werden. Es kündigen sich die Vorzeichen eines neuen Werdens an, durch Träume, Ereignisse, Vorboten wie Tiere und Erlebnisse in dieser Zeit und die Richtung, in die sich alles entwickeln wird.

Im Volksmund gibt es viele Bräuche, die uns dabei helfen, eine Richtung zu bestimmen. Wir haben zweimal die Möglichkeit (am Tag der unschuldigen Kinder und am Hohe-Frauen-Tag), ungünstige Geschehen zu korrigieren und damit für das neue Jahr die Weichen in Richtung Glück zu stellen.

Anzahl der Rauhnächte

Wie bereits zuvor beschrieben, variiert die Anzahl je nach Region und Brauch von drei bis zwölf Tagen. Heute sind es zumeist die zwölf Nächte von Heiligabend (die Nacht vom 24. auf den 25. Dezember) bis zum Dreikönigstag am 6. Januar.

Nach altem Brauchtum waren es die Nächte von der Wintersonnenwende bis zum 2. Januar oder auch bis zum 6. Januar, wobei die Feiertage nicht mitgezählt wurden.

Die wichtigsten Nächte der Rauhnächte

Vier Rauhnächte haben Gewicht,
zeigen dir Licht und Schattengesicht,
zwei »feiste« (24.12. und 5.1.)
und zwei »magere« (21.12. und 31.12.).
Heilig und gefährlich,
hier wird das Schicksal ausgehandelt
und das Leben neu gewandet.
Bete, faste, Wandersmann,
damit dir nichts geschehen kann.

Zu den bekanntesten Rauhnächten zählen:

29.11./30.11.: Andreasnacht

1./2.11.: Allerheiligen/ Allerseelen

2.11./3.11.: Hubertusnacht

5.12./6.12.: Nikolausnacht

21.12./22.12.: Wintersonnenwende

24.12./25.12.: Christnacht

27.12./28.12.: Tag der Kinder

31.12./1.1.: Silvesternacht

4.1./5.1.: Hohe-Frauen-Nacht

5.1./6.1.: Dreikönigstag, Epiphaniasnacht

30.4/1.5.: Walpurgisnacht

Fastnacht im Februar

Kleiner geschichtlicher Einblick

Die Sonne dreht sich auf ihren Bahnen,
zeitlos in ihrem Lichtgewand.
Haben wir das hier auf Erden,
immer noch nicht ganz erkannt?
Alles Leben wird von ihr versorgt.
Sie macht keinen Unterschied
zwischen Religionen, Rassen und Nationalitäten,
denn sie ist universell.
Sie ist der Schlüssel zur universellen Wahrheit,
die allen zur Verfügung steht.
Sie wurde zu allen Zeiten von allen Menschen,
die diesen Planeten bewohnten, verehrt.
Sommersonnenwende, Wintersonnenwende,
Tag- und Nachtgleiche sind kosmische Ereignisse.
Zu allen Zeiten findet sich ihre Spiegelung
in unseren Festlichkeiten wieder.
Schauen wir auf den Kern einer Sache,
so merken wir, dass er sich nicht verändert hat,
auch wenn er sich in vielgestaltigen Masken,
Gesichtern und Kostümen zeigt.

Für unsere Vorfahren war die Wintersonnenwende europaweit ein wichtiges Ereignis, und die Nächte danach waren heilig. Um dies zu verstehen, sollte man sich in der Vorstellung in Zeit und Raum zurückversetzen.

Die Winter hier in Europa konnten sehr lang und hart sein, wenn die Vorräte zur Neige gingen, das Feuerholz nicht reichte und man keine Möglichkeit hatte, Nahrung in der

Natur zu finden. Nicht selten waren die Wintermonate ein harter, zäher Überlebenskampf, von dem man nicht wusste, ob man ihn überstehen und überleben konnte. Viele kranke, arme, alte und schwache Menschen starben in dieser Zeit.

Raub- und Heerzüge wurden besonders für die langen Wintermonate geplant, sodass unsere Vorfahren Angst vor Überfällen, Raubzügen, Mordbränden und Hunger haben mussten. Räuber und feindliche Heere zogen durch das Land, plünderten alles, was sie finden konnten, und verwüsteten dabei nicht selten ganze Dörfer.

Die Wilde Jagd war also nicht nur ein Begriff aus der Mythologie, sondern oft ein allzu reales, grausames Ereignis, das Verlust, Krankheit und Tod mit sich brachte, sich in das Gedächtnis der Menschen einbrannte und bis heute im Zellgedächtnis der Menschen erhalten geblieben ist.

Unsere Vorfahren waren zudem noch viel stärker in den Rhythmus der Naturgeschehnisse eingebunden, denn sie hatten nicht die Möglichkeit, künstliches Licht zu benutzen, die Heizung hochzudrehen oder im Supermarkt die Lebensmittel einzukaufen, nach denen ihnen gerade der Sinn stand.

Die Menschen waren auf Nächstenliebe, Gnade und Mitgefühl angewiesen. Das Brot miteinander zu teilen, war in dieser Zeit oft notwendig zum Überleben.

So ist es nicht verwunderlich, dass sich zu jener Zeit die Feste im Jahreskreis nach den kosmischen Ereignissen und dem Geschehen in der Natur ausrichteten. Man war mit der Natur, ihren Kräften und ihren Wesen verbunden, und die Schleier zwischen den Welten waren zu manchen Zeiten sehr dünn. Mensch und Naturgeister lebten und feierten im Einklang, um die Lebensgrundlage zu ehren und zu erhalten, Hoffnung zu schöpfen und Kraft zu gewinnen.

Tag- und Nachtgleiche im Frühling und im Herbst sowie Sommersonnenwende und Wintersonnenwende waren überaus wichtige Punkte im Jahr.

Zur Wintersonnenwende gab die Rückkehr des Lichtes Hoffnung und Kraft in einer Zeit, in der die harten, langen und kalten Wintermonate noch bevorstanden. Man feierte dieses Fest ausgelassen und hielt in den Tagen danach, mit seinen Verwandten und Freunden am Feuer sitzend, Rückschau und Ausschau auf das kommende Jahr, das Hoffnung, Wiederkehr und Verheißung auf ein besseres Leben versprach. Den Naturgeistern wurden Speisen dargebracht, man teilte seine Vorräte miteinander und sprach mit der Natur und mit den Tieren. Man suchte das Orakel auf, um Hinweise, Deutungen und die Zeichen der Zeit zu verstehen und sich vor Übergriffen allerlei Art zu schützen. Viele Rituale und Bräuche aus dieser Zeit zielten darauf ab, sich für die bevorstehende Zeit Mut zu machen, Kraft zu tanken, die Naturgewalten gnädig zu stimmen, Haus, Hof und Familie zu schützen sowie Vieh und Nahrungsmittel zu sichern.

Märchen, Legenden, Geschichten und Erlebnisse wurden am Feuer miteinander geteilt und an die Kinder weitergegeben. Träume wurden gedeutet, und die Heiler und Führer eines Stammes hielten in der Einsamkeit Zwiesprache und Ausschau nach der Richtung, in die sie ihr Volk im kommenden Jahr leiten und lenken sollten.

Die Wilde Jagd, das Gefolge Odins oder Wotans, das aus verstorbenen, nicht erlösten Seelen und wilden Gesellen des kleinen Volkes bestand, zog in den rauen Winternächten umher, um die Menschen zu prüfen und zu erschrecken, aber auch, um Gerechtigkeit und Ausgleich zu üben.

Das Vieh, das für das Überleben der Menschen notwendig

war, wurde in dieser Zeit mit allen Mitteln und auf jeder Ebene geschützt.

Mit der Verbreitung des Christentums in Europa wurde den heidnischen Bräuchen und Ritualen ein christliches Gewand gegeben, sodass das Volk seine Riten nicht aufgeben musste und sich besser mit dem neuen Glauben identifizieren konnte.

So wurden aus den acht Jahresfesten, die dem Rhythmus der Erde und dem Himmel geweiht waren, und in denen die große Göttin, die Erde, die Sonne und der Himmelsgott geehrt wurden, christliche Feste, die das Leben Jesu nachvollziehbar machen sollten, jedoch eine ähnliche Symbolik wie die ursprünglichen heidnischen Feste besaßen. Dies wurde nach und nach in diversen kirchlichen Konzilen festgelegt und von den Herrschern der damaligen Zeit, wenn es notwendig war, mit roher Gewalt und unter Androhung der Todesstrafe umgesetzt.

Die Rauhnächte waren auch die Weihe-Nächte. Im 8. Jahrhundert nach Christi wurde das Fest der Weihe-Nächte dann zum christlichen Weihnachtsfest. Karl der Große (742–814), der zu dieser Zeit herrschte, erklärte es zum kirchlichen Hochfest der Geburt Christi und verbot unter Todesstrafe das Ausführen der alten Riten.

Viele Bräuche haben überlebt, weil sie in die kirchlichen

Riten mit eingebunden wurden und von Generation zu Generation in Form von Geschichten und Legenden weitergegeben wurden. So zum Beispiel der heidnische Brauch, in den Weihe-Nächten einen immergrünen Tannenbaum als Symbol des ewigen Lebens aufzustellen, das Lärmmachen an Silvester und das Räuchern am 6. Januar. Viele Bräuche und Riten sind allerdings verlorengegangen, weil es unter Todesstrafe verboten war, diese zu feiern, wenn sie nicht den christlichen Inhalten entsprachen.

Heute befinden wir uns wieder an einem Wendepunkt der Geschichte. Durch die modernen Medien und die Globalisierung ist es uns möglich, einen größeren Zeitrahmen zu überschauen sowie Werte und Gebräuche fremder Kulturen kennenzulernen bzw. zu übernehmen.

Andererseits entdecken wir die scheinbar vergessenen alten, heidnischen Riten neu, die alten Wurzeln werden wieder erkennbar und leuchten unter den gängigen, auch sehr schönen christlichen Weihnachtsritualen hervor. Ein globales Erwachen findet statt. Die weibliche Kraft kehrt in ihrer Vollständigkeit an ihren Platz ebenbürtig neben der männlichen Kraft zurück. Dies lässt althergebrachte Normen wanken, Unsicherheit und Verwirrung sind die Folge. Es geht nicht mehr um »Entweder-oder«, sondern um »Sowohl-als-auch«. Doch sollten wir bedenken, dass fast alle Feste, die wir im Jahreskreis feiern, letztlich in die großen, kosmischen Ereignisse der Natur eingebunden sind, und dass man sie auf die unterschiedlichste Weise begehen und feiern kann. Zeitqualitäten sind an keine Religion gebunden, sie sind Religion. Sich mit der Natur zurückzuverbinden, ist heute wichtiger denn je, denn wir sind im Begriff, uns durch die Entfremdung von den natürlichen Zusammenhängen die Lebensgrundlage zu entziehen. Durch die Entehrung der Erde haben wir uns von dem, was uns trägt, versorgt und nährt, entfernt. Wir sind dabei, die Hölle auf der Erde zu erschaffen und uns selbst aus dem Paradies, das uns trägt, versorgt und umgibt, zu vertreiben. Das blaue Erdenjuwel ist einer der schönsten Planeten in unserem Universum, und es ist ein Geschenk, hier leben zu dürfen. Die Erde gebiert sich neu, und wir haben die Chance, uns im Einklang mit ihr in etwas vollständig Neues hineinzuentwickeln und ein Bewusstsein wiederzuerlangen, das seit Anbeginn der Zeit existiert. Das Bewusstsein ist als Christuslicht in uns geboren und kann jetzt in jedem von uns erwachen.

Auch wenn wir dieses Mysterium, das wir jedes Jahr wiedererleben, feiern, wird sich nichts verändern, wenn das Licht nicht auch in uns eingeht und wir uns von innen her erneuern und in die Unsterblichkeit unserer geistigen Natur und unseres Seins erwachen.

Die Zeit der Rauhnächte bietet eine wunderbare Gelegenheit, zu jenem geistigen Platz, an dem die Materie ihren Ursprung nimmt, zurückzukehren. In dieser Rückverbindung erfahren wir von den geistigen Wesenheiten, mit denen wir verbunden sind, und die uns auf der inneren Ebene anleiten und immer zur Seite stehen, etwas über geistige Zusammenhänge irdischer Schicksalsverläufe. Wenn wir in der Vergangenheit Fehler gemacht haben, so haben wir nun die Gelegenheit, diese zu korrigieren und zu verzeihen. Wir erfahren, wie wir uns neu ausrichten und unser Schicksal positiv und glücklich zu unserem Wohle und zum Wohle aller neu gestalten und mitlenken können. Nutzen wir also diese kostbare Gelegenheit!

Die dreifaltige Göttin, Wiederkehr der Liebe

Ich bin die große Mutter in dreifaltiger Gestalt,
ich bin unendlicher Raum und endlose Sterne.
Ich bringe deine Träume und Visionen
aus anderen Reichen in die Wirklichkeit.
Ich bin zwischen Tod und Wiedergeburt,
zwischen Einatmen und Ausatmen.
Komm an in der Zeit dazwischen,
erlebe meine liebevolle Präsenz!
Ich bin Frieden.

Ursprünglich wurde in früheren Zeiten die Göttin in ihrer dreifaltigen Gestalt, als Jungfrau, Frau und Greisin, gefeiert. Weihnacht war ein Mutterfest, denn in den Rauhnächten, den Mutternächten, wurde das neugeborene Lichtkind gesegnet und gehütet, damit es sicher groß werden konnte.

Die Percht und Frau Holle sind daher aus dieser Zeit nicht wegzudenken, und um sie zu ehren und zu besänftigen, stellte man Speisen auf das Dach oder in den Hof an Obstbäume oder Holler(Holunder)bäume.

Weitere Göttinnen, denen in dieser Zeit gedacht wird, sind die Wintergöttin Berchta und die drei Bethen Ambeth, Wilbeth und Borbeth, die später in die drei Schutzheiligen Katharina, Barbara und Margareta christianisiert wurden.

Die Schicksalsgöttin zeigte sich in den Mutternächten, indem sie Zukunft, Gegenwart und Vergangenheit sichtbar machte. Die Nornen, die an den unterirdischen Quellen sitzen und den Lebensfaden spinnen, bemessen und schneiden, können als Sinnbild für diese Zeit angesehen werden. Das Schicksal spinnt sich aus den Fäden vergangener, gegenwärtiger und zukünftiger Taten. In »Zwischenzeiten« wie den Rauhnächten war es möglich, Einblick in das eigene Lebensgeflecht zu nehmen und das Schicksal durch die gewonnene Erkenntnis positiv zu beeinflussen.

Die Rauhnächte dienten zudem der Fruchtbarmachung und Neustrukturierung des neuen Jahres. Die ursprünglichen heiligen Mutterriten wurden umgestaltet und christianisiert. Es wird vermutet, dass der traditionelle Umzug der Heiligen drei Könige am 6. Januar, der mancherorts immer noch mit drei Frauen an der Spitze durchgeführt wird, ursprünglich den heiligen drei Bethen gewidmet war.

Die Segenszeichnung C+M+B (lat. »Christus mansionem benedicat«, zu deutsch: Christus segne dieses Haus) könnten auch für Kenaz (C, die Fackel, das Licht), Ehwaz (M, Bewegung, Entwicklung, Fortschritt) und Berkana (B, Fruchtbarkeit) oder für die drei heiligen Frauen Katharina, Margareta und Barbara stehen. Die drei Bethen symbolisieren zudem die Dreifaltigkeit und die drei Urgöttinnenaspekte. Wilbeth steht für Wiedergeburt, Ambeth für Fruchtbarkeit und Weisheit und Borbeth für Geborgenheit und Heilung auf der Erde. Ihr Segenszeichen (»XXX«) legt eine Verbindung zu dem C+ dar. Hier können wir also die Wurzeln einer viel älteren Tradition erahnen: Man erhielt den Segen für den weiteren Lebensweg von Mutter Erde.

Viele der alten weiblichen heiligen Riten wurden verteufelt, verzerrt und entweiht. Wir finden diese Göttinnen heute oft in Form von unheimlichen Gestalten wieder, die uns das Fürchten lehren sollen.

Die Tage rund um die Rauhnächte bieten uns die Möglichkeit, zu den Wurzeln zurückzukehren, sie zu achten und zu ehren und wieder mit einzubinden. Die Erde ist für eine gewisse Zeit unser Zuhause. Auch sie ist ein göttliches Lichtwesen, das letztlich, wie wir selbst und alles Leben, aus schwingendem Licht besteht. Sie schenkt Leben, sie nährt es, und sie bettet den Körper, nachdem unsere Seele ihn verlassen hat, in ihrem Mutterschoß.

Sind wir im Einklang mit Mutter Erde, so können wir neue Visionen weben und unser Leben umfassend neu gestalten.

In diesem Sinne kann man in dieser Zeit Visionen empfangen, Träume erwecken, sich von Altem lösen, um in einen neuen Morgen zu gehen. Es dient niemandem, wenn wir unser Licht verhüllen, uns klein und schlecht machen, jammern, uns beklagen, andere für unser Schicksal verantwortlich machen, und an veralteten Vorstellungen von Sünde, Schuld, Unwert, Hölle oder Fegefeuer festhalten. Wir sind Kinder von Himmel und Erde, und wir sollten uns in das hineindehnen, was wir wirklich sind, das Licht, das in uns leuchtet, annehmen und den Plan verwirklichen, mit dem wir auf die Erde gekommen sind. Unser Leben ist zutiefst sinnhaft.

Wir haben es verdient, beschützt, erfolgreich, glücklich und gesund zu sein und Leid, Schmerz und Trauer zu überwinden sowie als gegenwärtige Generation das Schicksal mitgestalten zu können. In diesen Nächten »zwischen den Jahren« haben wir die Möglichkeit, uns neu auszurichten und unsere Mit-Schöpferkräfte zum Wohle aller einzusetzen.

Materie ist formbare Gestaltkraft. Mutter Erde gibt Form und Gestalt. Die Geschichte der Erde zeigt uns, dass sie schon viele Male ihr Gewand gewechselt hat.

Haben Sie keine Angst vor dem Universum, der Stille und der zeitlosen, lichtvollen Dunkelheit. Das Universum hat eine sanfte, liebende und tragende Stimme, vor der kein Kind Angst haben muss. Schon unsere Urahnen wussten um diese liebevolle Präsenz in allem. Im Schoße des großen Ganzen sind wir gut aufgehoben, können Frieden und einen neuen Weg der Liebe finden, auf dem wir im Einklang mit unserem wahren Selbst den Erdenweg gehen können.

Der Perchtlauf

Gefangen, verbannt in die Dunkelheit,
ist das Licht in die Finsternis eingebrochen,
der Schrecken und die Ängste flattern auf.
Hoffnungslos gefangen in Albträumen und alten Bildern,
verfolgt von vergangenen Taten,
Hohes Gericht wird gehalten.
Kannst du in das Neue gehen,
oder verschlingt dich das Alte?
Bekommst du eine zweite Chance,
kannst du dich mutig stellen,
oder willst du weiter am inneren Feuer grillen?
Erlösung, Hoffnung, Befreiung – oder Verdammnis –
kannst du vergeben und loslassen,
statt zu halten und zu hassen?
Wie innen, so außen.
In welchem Gesicht zeigt sich dir die Percht?

Der Perchtlauf ist ein heidnischer Brauch, der den Kampf der Menschen mit den Elementen symbolisiert.

Das Sternbild des Orion, des Jägers mit seinen Hunden, hat am 5. Januar seinen Höchststand erreicht. Die Wilde Jagd kann beginnen.

Berechte oder Frau Perchta ist eine alte Sagengestalt, die mit ihrem wilden, verwegenen, unbezähmbaren Heer aus Fruchtbarkeitsgeistern über das Land zieht, um es wieder zu erwecken, Segen zu bringen und es für das neue Jahr fruchtbar zu machen. »Percht« ist von »Perath« abgeleitet, was »strahlend«, »leuchtend« und »schön« bedeutet.

Über diesem strahlenden Licht trägt die Percht eine Maske mit zwei Gesichtern, einem wunderschönen, glücksbringenden und einem hässlichen, verunstalteten, strafenden.

Im Laufe der Zeit verwandelte sich die strahlende, schöne Percht immer mehr in eine dämonische, angsteinflößende Gestalt, die verdammte Seelen einfängt und ihnen eine gerechte Strafe zukommen lässt.

Die ersten Perchtläufe können schon Ende November beginnen und dauern bis zum 6. Januar – je nach Ritus und regionalem Brauchtum. Hässlich gestaltete »Perchten« ziehen durch Dorf und Flur. Sie sind mit kunstvollen, aber abschreckenden Holzmasken verkleidet und mit Tierfellen vermummt. Niemand weiß, wer sich hinter den Masken verbirgt, da diese – streng geheim – im stillen Kämmerlein angefertigt werden.

Die Perchten laufen mit Windlichtern und Fackeln umher, die geisterhaft in den Straßen leuchten. Peitschen knallen, Trommeln dröhnen, Kuhglocken läuten, Schellen scheppern, Böller knallen und alles zusammen verursacht einen Höllenlärm.

Die Percht wird begleitet von furchteinflößenden, zotteligen, bärtigen Gesellen, deren Masken mit riesigen Zähnen und Hörnern versehen sind, um viele verdammte Seelen gleichzeitig aufspießen zu können. Die meisten Masken haben keine Ohren, damit sie die Schreie ihrer Opfer nicht ertragen müssen, und sie sind blutverschmiert. Der Pferdeschweif und die Schellen gehören ebenfalls traditionell zu den Perchtläufern. Es gibt aber auch schöne und strahlende Wesen unter ihnen.

Oft unsanft und rau werden Menschen aus der Menge gezogen und bestraft. Sie werden zum Beten auf die Knie gezwungen, mitgeschleppt und hinterhergeschleift. Quellwasser und Räucherwerk werden verteilt, und das Leben der Erde wird aufgeweckt.

Die Wilde Jagd ist unüberhörbar unterwegs. Sie weiß, wen sie sich vorknöpfen muss und wen nicht. Die Fleißigen werden belohnt, und die Faulen, Gemeinen und Selbstsüchtigen werden bestraft.

Altes vergeht, und Neues erwacht. Es ist eine Reise in das Unterbewusstsein. Wir schauen in unseren Schattenspiegel und werden mit unserem Gewissen, unseren Ängsten und Albträumen konfrontiert. Die Seelen der Toten suchen die Seelen der Lebenden auf. Sie können Unheil, Leid und Krankheit, aber auch Glück, Erlösung und Befreiung bringen – je nach unserer eigenen Ausrichtung. Was wir gesät haben, nimmt jetzt Form an.

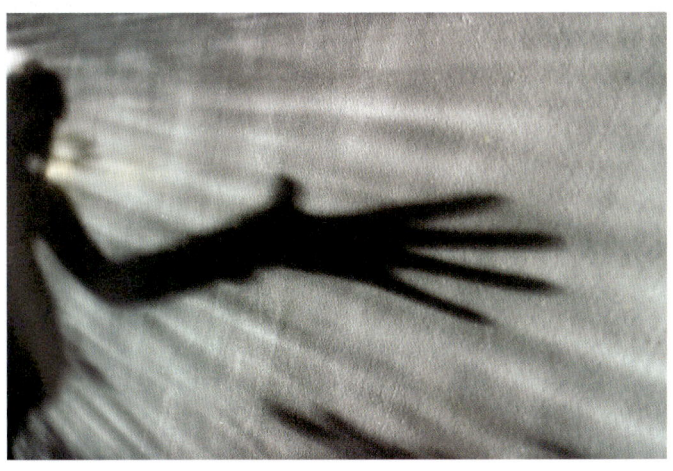

Märchen, Legenden, Mythen in der Zeit der Rauhnächte

Die Märchen, Mythen und Legenden in der Zeit der Rauhnächte sind unheimlich, gruselig, zugleich aber hoffnungsbringend und erlösend. Sie zeugen von einer höheren geistigen Macht, einem Lebensgeflecht, in dem alles miteinander verbunden und verwoben ist. Sie zeugen von der Unsterblichkeit der Seele, ihrem Erdenweg, ihrer Wiederverkörperung und ihrer geistigen Natur, die sich in ihrer erlösten und unerlösten Form zeigen kann. Während der Rauhnächte löst man sich aus seiner Körperlichkeit und verbindet sich mit seiner geistig-seelischen Natur. Man kehrt in sein geistiges Zuhause ein, um etwas über den vergangenen, gegenwärtigen und zukünftigen Lebensweg und seinen wahren Seelenauftrag zu erfahren: Warum bin ich hier? Welchen Sinn hat mein Leben? Was erwartet mich im nächsten Jahr? Wie kann ich meinen Seelenplan erkennen und verwirklichen? Auf diese und ähnliche Fragen kann man in einer Zeit, in der die Welt im Außen wenig Ablenkung zu bieten hat, Antwort finden.

In früheren Zeiten wurden oft nur die angsteinflößenden Legenden und Geschichten weitergetragen und überliefert, die dazu dienen sollten, die Menschen das Fürchten zu lehren, denn Angst ist ein geeignetes Mittel, um Menschen gefügig zu machen.

So gibt es beispielsweise die Geschichte von zwei guten Freunden, die abends zusammen in einer Kneipe saßen, sich über dies und jenes unterhielten und schließlich auf das Letzte zu sprechen kamen, was einen Menschen auf der Erde erwartet: den Tod und den Übergang. Es endete damit, dass die beiden sich in dieser Nacht feierlich versprachen, dass derjenige, der als erstes stirbt, zurückkehrt und dem anderen berichtet, wie es auf der anderen Seite ist. Unerwarteterweise starb einer der beiden kurze Zeit später. Er hielt sein Versprechen und kam zu seinem Freund zurück, um ihm von der anderen Seite zu berichten. Die Geisthelfer des verstorbenen Freundes nahmen den noch Lebenden mit in eine andere Wirklichkeit. Er erfuhr viel über Meister, Feen, Engel, Elfen und eine Unzahl untoter Geister. So begann er, voll Freude von den herrlichen Abenteuern der anderen Seite zu berichten. Er lernte von seinen geistigen Freunden, wahrzusagen und zu heilen und wurde schließlich von der Inquisition öffentlich auf dem Scheiterhaufen verbrannt.

Bekannte Märchen und Erzählungen, die von der Zeit der Rauhnächte handeln

A Christmas Carol
Knecht Ruprecht
Frau Holle
Der eiserne Handschuh
Aschenputtel
Das kleine Mädchen
  mit den Schwefelhölzern
Sterntaler
Die Schneekönigin

Ein großer Teil dieser Märchen handelt von dem Weg der Erlösung durch den Kontakt mit der geistigen Welt.

»A Christmas Carol« (»Eine Weihnachtsgeschichte«) von

Charles Dickens, verfasst im Dezember 1843, ist ein besonders schönes und passendes Märchen für die Zeit der Rauhnächte. Die Geschichte handelt vom grantigen Geizhals Ebenezer Scrooge, der in drei aufeinander folgenden Weihnachtsnächten Besuch von seinem verstorbenen Teilhaber Jacob Marley und drei weiteren Geistern erhält: dem Geist der vergangenen, der gegenwärtigen und dem der zukünftigen Weihnacht, die ihm zu tiefen Lebenseinsichten verhelfen, durch die er fähig wird, sein Leben positiv zu verändern.

»Knecht Ruprecht« tritt als der Gehilfe des Nikolaus oder des Weihnachtsmanns auf. Er ist in der Regel in eine dunkle Kutte gekleidet, trägt am Gürtel eine Rute und auf dem Rücken einen Sack mit Geschenken. Die Figur des Knecht Ruprecht kam ursprünglich aus anderen Traditionen:

So entspricht er den heidnischen Wesen, die der Percht folgen, die Dunkelheit vertreiben und das Licht bringen. Er könnte auch verwandt sein mit der die Kinder erschreckenden Gestalt des Butzelmanns oder dem sagenumwobenen Ritter Hans Trapp. Diesen ist gemeinsam, dass sie Gerechtigkeit bringen. Die Bösen werden bestraft, die Guten belohnt, und alte Dinge werden bereinigt. Auf diese Weise werden alte Rechnungen beglichen, sodass man im neuen Jahr eine neue Chance erhält.

Mystische Wesen der Rauhnächte

Mystische Wesen der Natur
erscheinen deutlich in dieser Zeit,
mache dich für so manche Begegnung bereit.
Fantasie und Realität verschwimmen,
werden eins mit allem in den heiligen Hallen.
Versunkene Stätten tauchen empor,
Schätze lodern aus der Erde hervor,
Naturgeister erscheinen in verschiedenen Gestalten,
wollen dich prüfen und mit dir walten.
Teilst du dein Brot, vergisst du sie nicht,
kann das haben großes Gewicht.
Dämonen ziehen durch die Gassen,
schneiden die wildesten Grimassen.
Gefangen, gebannt in alten Dingen,
bist du mit den elementaren Kräften am Ringen.
Viel Lärm um nichts – lautes Getöse –
Altes vergeht – Neues entsteht.
Mögest du beschützt durch diese Zeit gehen
und den Ausblick auf das Neue erspähen.
Nimm das Glück und den Segen in dich auf,
und lenke ihn in den weiteren Segensverlauf.

In der Zeit der Rauhnächte stehen sämtliche Dimensionstore zu anderen Welten offen. Die Tore in die untere Welt sind Tore der Kraft, der Ahnen, der verdrängten Schattenthemen. Die Tore zur mittleren Welt sind die Fäden unserer Energie, die wir ausgesandt haben, um anderen Menschen Liebe, Freude und Segen zu bringen – oder sie zu verurteilen, zu bekämpfen und abzuwehren. Es ist die Welt der selbstgeschaffenen Gefühls- und Gedankenformen. Die Tore zur oberen Welt sind die Tore der Engel und Lichtwesen, der Naturkräfte, der Meister und Helden, die den Weg der Erde vor uns gegangen sind und von dort aus der Ewigkeit wirken. Sie führen uns in die Anbindung mit unserem Höheren Selbst.

Schattenreich

Schwarze Hunde

Sie bewachen die Eingänge in die Welt der Toten und Untoten. Der Schwarze Hund kann sich als solcher zeigen oder als Missgestalt mit drei Köpfen. Er erscheint oft um Mitternacht auf Kreuzwegen. Hundegebell zur Mitternachtstunde kann den Tod eines Familienmitgliedes oder eines Freundes ankündigen. Zudem meldet er Geister und Tote an, die noch keinen Frieden gefunden haben.

Werwölfe

Dies sind Menschen, die sich zu bestimmten Zeiten, besonders in Vollmondnächten, in Wölfe verwandeln und andere Menschen schwer verletzen oder gar töten.

Vampire

Vampire zeigen sich oft in Gestalt einer Fledermaus, als schwarze, fliegende Schatten. Sie entziehen den Menschen ihre Lebensenergie und können sie somit krank machen oder sogar töten. Kreuz, Licht (Bewusstsein) und Knoblauch können zum Schutz gegen Vampire eingesetzt werden.

Hexen

Traditionell werden sie als bucklige, zauberkundige alte Frauen dargestellt. Sie werden von schwarzen Katzen begleitet oder ziehen – auf Besen reitend – durch die Lande, um Glück oder Unglück, Krankheit, Flüche, Prüfungen oder Einweihungen im neuen Jahr anzukündigen.

Unerlöste Seelen

Sie zeigen sich so, wie sie gestorben sind: mit einem Messer in der Brust, dem abgeschlagenen Kopf unter dem Arm, einer Schlinge um den Hals. Blutüberströmt oder mit schmerzverzerrtem Gesicht irren sie umher, um Erlösung zu finden. Man findet sie meist um Mitternacht an unheimlichen, verwunschenen Orten wie Burgruinen, Wegkreuzungen, Friedhöfen, Sümpfen und Hinrichtungsstätten.

Elementale

Elementale sind von Menschen geschaffene Gedanken und Gefühlsformen, die wie kalte Winde, Schatten, dunkle Wolken oder Nebelfetzen umherziehen und das Energiefeld der Menschen verdunkeln. Im wahrsten Sinne des Wortes stellen sie die personifizierte Form unseres Gewissens dar.

Der Habergeiß

Der Habergeiß ist ein vogelartiges Fruchtbarkeitswesen, er ist Bock und Ziege zugleich. Er treibt sich bevorzugt an Kreuzwegen herum, geistert um die Mitternachtsstunde im Haus umher und lauert in Haferfeldern. Er erschreckt Kinder und kündigt Krankheit, Tod und Leiden an. Er lacht wie ein Kobold, meckert wie eine Ziege und ruft wie eine Unke. Er kann Albträume verursachen.

Der Alb oder Drudendrucker

Der Alb oder Drudendrucker schleicht bei Nacht in das Schlafgemach, setzt sich auf die Brust des Schlafenden und verursacht Albträume.

Nebelfrauen und Irrlichter

Als Nebelfetzen zeigen sich gebannte Seelen, um Lebende in die Irre und ins Verderben zu führen.

Das wilde Heer

Das wilde Heer zeigt sich dem Menschen zumeist beim Einschlafen oder kurz vor dem Erwachen. Eigenartig verkrüppelte, bucklige, verzerrte, manchmal auch verführerische Wesen zeigen sich allein oder in Gruppen, wirken erschreckend, furchterregend oder leidend und bitten um irgendetwas, das ihnen zu fehlen scheint. Oft sind es umherziehende Krankheitsdämonen, gegen die man sich nicht wehren bzw. keine Angst zeigen sollte.

Am besten lässt man sie weiterziehen, gibt ihnen ein paar Kupfermünzen als Weggeld mit und zeigt ihnen den Weg ins Christuslicht. Wer ihnen Einlass gewährt oder Angst vor ihnen hat, wird krank werden. Nach Erscheinungen dieser Art sollte man im Haus räuchern.

Gute Geister

Hausgeister

Die Geister von Orten und Häusern sind in diesen Nächten sehr aktiv. Früher legte man ihnen Dankesgaben in den Garten oder auf den Dachboden.

Fruchtbarkeitsgeister

In Ziegen- oder Bocksgestalt ziehen die Fruchtbarkeitsgeister mit lautem Gelächter trinkend und feiernd durch die Lande, um die Samen, Körner und Säfte der Natur zu erwecken.

Befana-Fee

Sie fliegt auf der Suche nach dem Jesuskind von Haus zu Haus, bringt Geschenke, spukt umher, belohnt und bestraft. Heute erscheint Befana oft als gute Fee, die die Erfüllung der Wünsche im neuen Jahr verspricht.

Wichtel und Winterelfen

Die kleinen Helfer sausen überall herum und bereiten anderen unerkannt Freude und Glück. Auch bei uns Menschen wird in der Vorweihnachtszeit immer mehr gewichtelt: Still und heimlich macht man anderen eine kleine Freude.

Weihnachtsmann

Der Weihnachtsmann kommt von weit her, um die Kinder mit Geschenken zu belohnen. Er stammt aus dem hohen Norden und reist mit einem Schlitten, vor den Rentiere oder Hirsche gespannt sind, am Himmel entlang.

Christkind

Das Christkind ist ein Wesen mit blondgelocktem Haar und Heiligenschein. Es verkörpert den Segen und den Glanz des neugeborenen Jesuskindes und verteilt sowohl Lichtgeschenke als auch ganz irdische Geschenke an die Kinder. Man kann ihm und dem Weihnachtsmann Wunschzettel schreiben.

Engel, Schutzengel und Erzengel

In der Weihnachtszeit und der Zeit danach sind die Engel uns besonders nah, um der Erde und den Menschen bei der Wende, der Umkehr, zu helfen.

Es ist eine gute Zeit, um mit ihnen in Kontakt zu treten, damit sich auch im persönlichen Leben ein Umschwung hin zum Guten vollziehen kann.

Meister und Meisterinnen

Meister und Meisterinnen sind aufgestiegene Lichtwesen, die den irdischen Weg vor uns Menschen gegangen sind und uns anleiten und führen, damit auch wir diesen Weg meistern können.

Die Tore in die »unsterblichen Gefilde« stehen jetzt offen, sodass wir Führung und Kraft erhalten können.

Göttin, Gottheiten

In alten Zeiten wurden Götter und Göttinnen zu dieser Jahreszeit besonders verehrt und um Unterstützung und Hilfe angerufen. Auch der Götterhimmel mit seinen Gottheiten und Naturgottheiten steht jetzt offen.

Odin, Freyia, Apollo, die Percht, Frau Holle, die große Göttin, Morgain und viele andere Wesenheiten des Lichtes, die die verschiedenen Aspekte der einen Kraft verkörpern, wurden in dieser Zeit an heiligen Stätten aufgesucht und um Rat und Hilfe gebeten.

Karmischer Rat

Der Karmische Rat ist ein Kreis aus aufgestiegenen Lichtwesen, die über die Menschheitsgeschichte wachen. Alles, was wir tun, ist in Licht geschrieben. Nichts geht verloren. Wir können einen Blick in unser »Schicksalsbuch« werfen und damit die Chance erhalten, die Dinge von der geistigen Seite aus zu betrachten, Schicksalsschläge zu begreifen und das Drehbuch unseres Lebens durch Erkenntnis und Annahme auf gute Weise weiterzuschreiben.

Das sagt man über die Rauhnächte

- Aberglaube und Volksmund -

Aufräumen

Unordnung und Dreck ziehen die Wilden an und verursachen Krankheit und dunkle Gefühlsempfindungen. Vor dem Beginn der Rauhnächte sollte man daher gründlich aufräumen.

Alle Räder sollen stillstehen

In den Rauhnächten bewegt sich das Chaos in eine neue Ordnung hinein. Alle Räder sollten stillstehen. So wurde in dieser Zeit nicht gesponnen, gewaschen oder gemahlen. Alle Räder, die sich normalerweise drehen, werden abgestellt, weil sich in dieser Zeit das Schicksalsrad dreht.

Nicht ausmisten und nicht waschen

Zwischen Weihnachten und Neujahr soll nicht gewaschen und ausgemistet werden. Das kann Unglück und Tod bringen. Es reicht aber, wenn man diese Regel wenigstens an den Fest- und Feiertagen einhält (Weihnachten und Silvester). Es ist angenehm, einmal nicht waschen und aufräumen zu müssen, sondern einfach mit dabei zu sein.

Raunächtl – Kinder der Rauhnächte

Kinder, die an einem Samstag oder Sonntag während der Rauhnächte geboren werden, sollen magische Fähigkeiten besitzen. Sie sind geistersichtig, können in die Zukunft schauen, bringen Glück und können sehr reich werden.

Spielverbot

In diesen Nächten ist es nicht erlaubt, mit Karten oder um Geld zu spielen. Viele Geschichten und Legenden ranken sich um Menschen, die das Spielverbot missachteten und dadurch ungute unheimliche Begegnungen hatten, die ihnen fast den Verstand raubten.

Fremde Tiere

Tiere, die man sonst selten zu Gesicht bekommt, die sich aber in diesen Nächten zeigen, wie Ratten oder Mäuse, sollte man meiden, denn Krankheitsdämonen oder übel wollende Kräfte könnten sich hinter ihnen verbergen.

Türen leise schließen

Wer die Türen zuknallt, hat im neuen Jahr mit Blitz und Unfrieden im Haus zu rechnen.

Keine Betten und Wäsche im Freien lüften

Wer Bettzeug und Wäsche im Freien lüftet, hat mit Krankheiten zu rechnen, da sich die Wilden, die in diesen Nächten umherziehen, in der Bettwäsche verfangen.

Keine Haare und Nägel schneiden

Das bringt Unglück. Man kann im neuen Jahr mit Kopfschmerzen und Nagelentzündungen rechnen.

Geliehenes soll wieder an Ort und Stelle sein

Wer sich Dinge geliehen hat, sollte diese bis zu den Rauhnächten zurückgeben. Wer etwas verliehen hat, sollte es bis zu den Rauhnächten wiederbekommen – ansonsten ist für das neue Jahr mit Energieverlust und Krankheit zu rechnen.

Traumerfüllung

Träume, die man in dieser Zeit hat, gehen in Erfüllung. Werden sie in der ersten Nachthälfte bis Mitternacht geträumt, so erfüllen sie sich in der ersten Monatshälfte des jeweiligen Rauhnachtmonats; Träume der zweiten Nachthälfte beziehen sich auf die zweite Monatshälfte.

Fehlende Knöpfe

Fehlen Knöpfe an einem Kleidungsstück, und werden sie nicht rechtzeitig ersetzt, deutet dies auf Geldverlust hin.

Heilkräuter haben große Wirkung

In diesen Nächten wirken Heilkräuter besonders stark und sollten also verstärkt zum Einsatz kommen.

Tod in den Rauhnächten

Stirbt jemand in dieser Zeit, wird es im darauffolgenden Jahr zwölf weitere Sterbefälle in der näheren Umgebung geben.

Bellende Hunde

Bellen Hunde in diesen Nächten, so ist dies eine Bestätigung, dass der Gedanke, der gerade gedacht wurde, richtig ist. Bellt ein Hund um Mitternacht, so wird jemand sterben.

Dinge, die herunterfallen

Fallen Erbsen, Linsen, Bohnen oder Geschirr herunter, so bedeutet dies Pech, Verlust und wenig Hilfe im neuen Jahr. Dies kann am 28.12. und am 5.1. bereinigt werden, indem man den Naturwesen besondere Speisen und Milch vor die Tür stellt.

Wetter in den Rauhnächten

Viel Wind kündigt ein unruhiges Jahr an. Viel Nebel steht für alte Dinge, die bereinigt werden wollen, und kündigt ein nasses Jahr an. Helles und klares Wetter bedeutet warme, trockene und gute Zeiten.

Fruchtbares Jahr

Viele Eisblumen an den Fenstern, Reif oder Schnee auf den Bäumen deuten auf ein ertragreiches Jahr hin.

Besen binden

Besen sollten in den Rauhnächten gebunden werden, weil man mit ihnen Krankheitsdämonen und böse Geister aus dem Haus fegen kann.

Rituale der Rauhnächte

Räuchere am 21.12., 24.12., 31.12. und 5.1.,
erbitte den Segen für Haus und Hof
und für alle, die dort wohnen.
Vertreibe die Geister und Dämonen,
das Räuchern kann sich wirklich lohnen.

Geräuchert wird in einem feuerfesten Gefäß. Früher wurde Glut aus dem Herd in das Gefäß gelegt, heute kann man Räucherkohle verwenden.

Dann gibt man je nach Sinn und Zweck verschiedene Räucherstoffe auf die Glut. Zu zweit werden alle Räume des Hauses, die Nebengebäude und der Hof abgegangen. Dabei wird gebetet, und Segensformeln werden aufgesagt, wobei die erste Person das Räuchergefäß trägt und die zweite das Segenswasser, das gesprengt und verteilt wird. Zum Abschluss werden alle Angehörigen, Menschen und Tiere des Hauses beweihräuchert.

Räucherstoffe in den Rauhnächten

Du sollst nicht versäumen,
Krankenzimmer von Dämonen zu räumen.
Räuchere mit Salbei und Wacholder,
so verschwinden sie mit Holter und Gepolter.
Heilung wird geschehen – du wirst schon sehen.

Hier ein paar gängige Räucherstoffe:
Salbei hat eine starke feinstoffliche Reinigungskraft
Kampfer löscht alte Informationen im Haus
Angelikawurzel erhellt die Raumschwingung
Weihrauch bringt Segen, Erhöhung der Energie
Wacholder vertreibt alle negativen Einflüsse,
  Krankheitsgeister und Dämonen
Myrrhe desinfiziert, klärt und reinigt Räume, gibt Ruhe
Myrte sorgt für Reinheit und Klarheit, bringt Frieden
Thymian reinigt und stärkt die Energie der Räume
Styrax gibt Wärme und Geborgenheit, öffnet für die Liebe

Sie können die Räucherung und Mischung Ihrer Wahl verwenden. Hören Sie auf Ihr Herz.
  Tipp: Nach dem Räuchern einen schönen Duft oder einfach Quellwasser versprühen. Wasser bindet den Rauch und klärt schneller die Atmosphäre.

Möge alles Dunkle, alles, was uns nicht mehr dient,
aus den Räumen jetzt verschwinden.
Wir laden die Liebe und das Segenslicht ein.
Möge der Raum in einem neuen frischen, leuchtenden Glanz erstrahlen und uns Frieden, Ruhe und Kraft schenken. Danke.

Weihung und Segnung

Ein Segen hat das Ziel, Positives und Gutes für den Ort und die
Menschen anzuziehen und das Glück einzuladen.
Der Segen wohnt jetzt in unserem Haus,
und alles, was nicht Liebe ist, senden wir zur Tür hinaus.

Um sich auf die Segnung des Hauses vorzubereiten, sollten Sie sich festlich kleiden
und alle Bewohner des Hauses dazu einladen. Sprengen Sie in jede Ecke und in die
Mitte des Raumes Quell- oder Weihwasser,
und segnen Sie den Raum entsprechend,
indem Sie beispielsweise Folgendes sagen:
»Unser Wohnzimmer möge gesegnet sein und
als liebevoller Treffpunkt für liebe Menschen
gelten. Möge es jetzt in Liebe, Frieden und Kraft erstrahlen.«
Auf diese Weise können Sie durch alle Räume gehen und – je
nach Nutzung des Raumes – positive Kräfte verankern.

Opferspeisen in den Rauhnächten

Ich ehre und segne euch, ihr Wesen der Natur.
Danke für euer Wirken.
Ich teile gern das Brot und das Wasser mit euch,
so, wie ihr mir eure Gaben jedes Jahr aufs Neue schenkt.

Früher war es üblich, Frau Holle, den Ahnengeistern, den
Hausgeistern und Odin Opferspeisen vor die Tür zu stellen,
um diese zu ehren und ihren Segen zu erhalten. Reste des

Julessens, des Weihnachtsessens und der Silvesterfeier wurden in den Rauhnächten an die Wurzeln von Obstbäumen gelegt. Dies waren in der Regel Brot, Erbsen, Bohnen, Grütze, Lebkuchen, Kuchen, Gebäck, Mohn, Körner, Milch, Tabak und Schnaps.

Für die Ahnen kann man in diesen Nächten Räucherstäbchen und ein Licht anzünden, das man in einer Laterne sicher und geschützt die Nacht über nach draußen stellt.

Beispiele für Orakeltechniken

Einer Frau fiel eines Nachts, als sie an ihren Freund dachte, ein Glas herunter und es zerbrach. Sie erschrak darüber, denn sie fühlte, dass diese Beziehung zerbrechen würde. Sie nutzte den Tag der »unschuldigen Kinder« (28. Dezember, an dem der durch Herodes ermordeten Kinder von Jerusalem gedacht wird, siehe S. 81) und stellte sich ein Auseinandergehen in Frieden und ohne Schmerz vor. In dem darauffolgenden Jahr zerbrach die Beziehung tatsächlich. Doch war es weder schlimm noch schmerzhaft, denn die Frau hatte zuvor jemanden kennengelernt, mit dem sie sich wunderbar verstand, und der sich nach einiger Zeit als »der Mann fürs Leben« entpuppte.

Ein Mann träumte in der Rauhnacht von einem abgebrochenen Pfahl. Ihm wurde angst und bange, da dies bedeutete, dass er mit Schwierigkeiten zu rechnen haben könnte. Er bat die geistige Welt, die Welt der Engel, in der darauffolgenden Nacht um Hilfe. Im Traum erschien ihm ein Engel, der den Pfahl aus dem Boden zog und ihn in einen Lichtschlüssel verwandelte, mit dem der Mann die Möglichkeit erhielt, alle Situationen zum Besten zu wenden. Im neuen Jahr tauchten tatsächlich Schwierigkeiten auf, es brach einiges für ihn zusammen, doch er fand in allen Situationen den richtigen Weg und ging als Sieger gestärkt daraus hervor. Er hatte die negativen Situationen genutzt, um Altes zu verlassen und seine Lebenssituation zu verbessern.

Zwei alte Orakeltechniken

Es gibt viele Orakel, die darauf abzielen, den zukünftigen Partner gezeigt zu bekommen. Es heißt, dass man in den Rauhnächten, besonders in der Christnacht und in der Nacht vor dem Dreikönigstag, den zukünftigen Partner sehen kann.

So kann man zum Beispiel rückwärts durch das Zimmer gehen und schauen, wer sich an den Tisch in der Stube setzt. Das ist der zukünftige Partner.

Wer eine Liebste für das neue Jahr suchte, der zählte Zaunpfähle. Zuerst überlegt man sich eine Zahl und beginnt dann, rechts von der Zauntür aus die genannte Zahl Zaunpfähle abzuzählen. Der Zaunpfahl, der bei der entsprechenden Zahl herauskommt, sagt etwas über die zukünftige Liebe aus: jung, alt, rissig, morsch, frisch …

Der Kreuzweg um Mitternacht

Wegkreuzungen sind magische Orte. Man kann in den Rauhnächten um Mitternacht eine Wegkreuzung aufsuchen und auf die Zeichen achten, die sich an dieser offenbaren. Sollte man dabei auf die Wilde Jagd treffen, ist es ratsam, den Ort schweigsam und rückwärts gehend zu verlassen, sodass man keine Blicke auf sich zieht.

Unverheiratete haben die Gelegenheit, um Mitternacht an einem magischen Ort oder einer Kreuzung ihren zukünftigen Partner zu sehen. Eine Gestalt erscheint und geht schweigend vorüber. Es darf ihr weder nachgeschaut werden, noch darf sie angesprochen werden, weil dies ansonsten mit dem Tode bestraft wird.

Das Tierorakel

Man sagt, dass man die Tiere in den Rauhnächten reden hören kann. Sie verraten einem zukünftige Ereignisse. Tiere wie beispielsweise die Vögel kommen weit herum. Hunde wissen schon lange im Voraus, was geschehen wird, und Pferde können in die Zukunft sehen. Es gibt etliche Geschichten von Menschen, denen die Ereignisse des kommenden Jahres von den Tieren vorausgesagt wurde.

Eine Frau wusste, dass sie in den Rauhnächten die Tiere reden hören konnte. Sie öffnete das Fenster und legte sich in ihr Bett. Um Mitternacht hörte sie wildes Getrappel und dann zwei Krähen, die sich über einen bald zu erwartenden Todesfall unterhielten und überlegten, auf welchem Friedhof der Verstorbene wohl beerdigt werden würde. In diesem Moment sah die Frau ein helles Licht, das nach oben stieg. Zwei Tage später wurde ihr Vater tot in seinem Bett gefunden.

Eine andere Geschichte berichtet von zwei Gesellen, die sich nach langer Zeche um Mitternacht auf den Heimweg machten. Es war bitterkalt, und ein eisiger Wind blies um die Ecken. Obwohl sie gemeinsam gingen, war es, als ob sich ein Abgrund zwischen ihnen öffnen würde. Da sie vom Alkohol umnebelt waren, wussten sie nicht, ob sie fantasierten oder ob das Erblickte der Wirklichkeit entsprach. Der eine Geselle sah eine schwarze Hundegestalt mit drei Köpfen und das Bildnis seiner Mutter. Er wollte sie erreichen, doch sie drehte ihm den Rücken zu und verschwand im Nebel. Der andere fand sich umgeben von wilden Geschöpfen, die ihn überfielen und auseinanderzunehmen schienen. Sie saugten sein Blut und entzogen ihm die Energie. Mit letzter Kraft, völlig außer Atem, konnten die beiden sich ins Haus retten. Sie hörten die wilden Gesellen noch an den Fensterläden klappern, bevor sie selbst ermüdet und erschöpft auf ihr Lager fielen. Am darauffolgenden Tag wurde der Geselle, der von der Wilden Jagd umringt worden war, sehr krank. Er lag mit Fieber und Schwächeanfällen im Bett. Niemand wusste ihm zu helfen. In der Nacht vom 27. auf den 28. Dezember erschien ihm in einem unruhigen Fiebertraum ein Lichtkind. Es berührte seine Stirn, und das Licht des Kindes floss in ihn ein. Als er am Morgen aufwachte, ging es ihm viel besser. Die Mutter des anderen Gesellen starb im darauffolgenden Jahr. Ein Hundebellen in der Nacht kündigte ihre Todesstunde an.

Achten Sie in den Rauhnächten auf die Tiere, die Ihnen begegnen, und auf das, was sie Ihnen zu sagen haben. Wenn Sie genau hinhören, können Sie in Ihrem Herzen die Botschaft der Bilder, die sie Ihnen schicken, verstehen. Schreiben Sie diese am besten gleich auf!

Schritt für Schritt durch die Rauhnächte

Die Rauhnächte sind Losnächte. Das Wort »Los« steht in Zusammenhang mit »losen«, »vorhersagen«, was deutlich macht, dass die Rauhnächte besonders dazu geeignet sind, Prognosen für das kommende Jahr zu erstellen. Auf den nächsten Seiten führe ich Sie durch die Zeit der Rauhnächte mit ihren jeweils besonderen Qualitäten.

Für alle Rauhnächte hat sich grundsätzlich Folgendes bewährt:

1. Führen Sie während dieser Zeit bitte unbedingt Tagebuch.
2. Notieren Sie sich die Traumerinnerungen oder das Gefühl, das morgens, beim Aufwachen, in Erinnerung ist.
3. Ziehen Sie jeden Morgen eine Karte aus Ihrem Lieblingsorakel.
4. Am Abend: Zünden Sie eine Kerze an, und lassen Sie den Tag mit seinen Ereignissen vorbeiziehen.

Fragen, die Sie sich stellen können:
- Wie war das Wetter?
- Wie war die Stimmung?
- Welche Menschen habe ich getroffen?
- Wer hat angerufen?
- Welche Post ist angekommen?
- Was ist mir an diesem Tag wiederfahren?
- Was ist mir besonders aufgefallen?
- Welche Zeichen, Tiere, Botschaften sind mir begegnet?

Achten Sie auf alles, was Ihnen auffällt, auch auf Kleinigkeiten.

Kosmische Tagesqualitäten

Sonntag – Tag der Sonne – Bewusstsein, Erkenntnis
Montag – Tag des Mondes – Intuition, Wachstum
Dienstag – Tag des Mars – Durchsetzungskraft
Mittwoch – Tag des Merkurs – Kommunikation
Donnerstag – Tag des Jupiters – Vision
Freitag – Tag der Venus – Liebe, Mitgefühl, Vergebung
Samstag – Tag des Saturns – Ruhe, Ordnung

Sonnenschein in den Rauhnächten

1. **Lostag (25.12.):** Glück im kommenden Jahr
2. **Lostag (26.12.):** Erhöhung der Preise
3. **Lostag (27.12.):** Streitigkeiten
4. **Lostag (28.12.):** Fieberträume
5. **Lostag (29.12.):** gute Ernte
6. **Lostag (30.12.):** Erfolg
7. **Lostag (31.12):** Viehweiden tragen saftige Kräuter
8. **Lostag (1.1.):** Fische und Vögel sind zahlreich
9. **Lostag (2.1.):** gute Geschäfte
10. **Lostag (3.1.):** Unwetter
11. **Lostag (4.1.):** Nebeltage und alte Themen
12. **Lostag (5.1.):** Zwist und Hader

Mondphasen

abnehmend – ausleitend
Vollmond – verstärkend

zunehmend – aufnehmend
Neumond – abschwächend

Zählweise für die Vorausschau

Eine Rauhnacht wird immer von Mitternacht bis Mitternacht, also von 0 bis 24 Uhr, gerechnet. Es gibt zwei Arten der Vorausschau für das neue Jahr.

Bei der ersten stehen jeweils zwei Stunden einer Rauhnacht für einen Monat des nächsten Jahres. (Die zweite Art der Vorausschau finden Sie im praktischen Teil beschrieben.)

- **0.00–2.00 Uhr** für Januar
- **2.00–4.00 Uhr** für Februar
- **4.00–6.00 Uhr** für März
- **6.00–8.00 Uhr** für April
- **8.00–10.00 Uhr** für Mai
- **10.00–12.00 Uhr** für Juni
- **12.00–14.00 Uhr** für Juli
- **14.00–16.00 Uhr** für August
- **16.00–18.00 Uhr** für September
- **18.00–20.00 Uhr** für Oktober
- **20.00–22.00 Uhr** für November
- **22.00–24.00 Uhr** für Dezember

Vorbereitung auf die Rauhnächte

- alle geliehenen Sachen zurückbringen
- Schulden begleichen
- Rechnungen bezahlen
- alte Angelegenheiten klären
- Rückschau halten: Wer hat mich in diesem Jahr unterstützt, wem möchte ich von Herzen danken?

- sich bei den Menschen, die einen durch das Jahr begleitet haben, mit einer kleinen Aufmerksamkeit bedanken
(Geschenk, Karte)
- aufräumen und putzen
- Räucherwerk besorgen
- einen schönen Platz an den Wurzeln eines Baumes her-
richten, um die Natur mit Speisen zu ehren
- Essen für Vögel und andere Tiere hinstellen
- Das alte Jahr abschließen (Jahresabschluss, Jahresbilanz)

Auf den nachfolgenden Seiten beginne ich, Sie durch die Qualität der Rauhnächte zu führen. Dies sind nur Vorschläge und
Anregungen. Es steht jedem frei, die Rauhnächte so zu gestalten, wie er möchte und einen Zeitpunkt für den Beginn
der Prognose selbst zu wählen.

Begehe die Rauhnächte wachsam, achtsam und vorsichtig.
Sie bergen das ganze kommende Jahr in sich.
Du bist selbst dafür verantwortlich,
auf welche Weise du die Weichen jetzt stellst.
Jeder ist seines Glückes Schmied,
in dieser Zeit kannst du dein Glück schmieden.

21. Dezember
Julnacht/Thomasnacht/ Wintersonnenwende

Wandern wir in der Tiefe der Nacht,
kommt, Visionen, erwacht.
Träume geboren aus eigner Macht,
wir weben die Welt heute Nacht.

(Schwitzhüttenlied)

Die Nacht des 21. Dezember ist die längste Nacht des Jahres. In der Tiefe dieser Nacht wird das Licht neu geboren.

Rituale können sein …

- alle Räume, Menschen und Tiere räuchern
- Energiefelder mit Rauch und Haselzweigen reinigen
- aufschreiben, was man im alten Jahr noch loslassen möchte
- alte Energien ablösen und in einen Feuertopf geben
- schamanische Reise zum Thema Rauhnächte durchführen
- stille Meditation oder Besinnung in der Dunkelheit
- Anzünden eines Lichtes in der Nacht, was die Wiedergeburt des Lichtes in der Natur symbolisiert
- Weihung, Segnung mit Quell- oder Weihwasser
- Brot und Wasser untereinander und mit der Natur teilen
- vielfältige Lichtrituale durchführen, singen und tanzen
- Rituale durchführen, welche die Energie erhöhen
- Engel um Segen bitten
- die Jahresrune, eine Karte oder eine Losung für das neue Jahr ziehen

- kleine symbolische Lichtgeschenke mit guten, segensvollen Wünschen an alle sichtbar und verborgen (Naturwesen, Engel …) Anwesende verteilen
- den Weihnachtsbaum rituell mit guten Wünschen schmücken
- eine Wunschliste für das neue Jahr schreiben

Themen des Tages

- sich von Altem reinigen
- orakeln
- innere Prozesse klären
- empfangen, sich öffnen für die Stille und die Dunkelheit und den unendlichen Raum
- sich für das Unsichtbare, Geistige öffnen, den neuen Lichtimpuls empfangen und ins Herz hineinnehmen
- Segnung; Weihung, Staunen; Hingabe; Neuausrichtung
- Segenswünsche aus der geistigen Welt empfangen und an die Mitmenschen in Form von lieben Worten, Gesten und symbolischen Geschenken weitergeben

Fragen

- Wovon möchte ich mein Energiefeld reinigen?
- Wie kann ich mich öffnen, Neues empfangen, den inneren Kelch mit neuer Kraft anfüllen?
- Welche Erkenntnisse habe ich in der letzten Zeit gewonnen? Was möchte ich neu in die Welt tragen?
- Welche Qualität kündigt sich an?

24. Dezember
Weih(e)-Nacht, Heiligabend

*Nimm die Erlösung und den Sieg des Lichtes
über die Dunkelheit an.
Du bist gesegnet und geliebt.
Das strahlende Lichtkind in der Krippe
verbindet dich mit dem
göttlichen, strahlenden Lichtkind in dir.*

Heute ist ein guter Zeitpunkt, sich für die Ankunft des neuen Lichtes bereit zu machen, indem man die Wohnung aufräumt, eventuell räuchert und alles festlich schmückt. Besondere Speisen werden vorbereitet, auch für die Tiere und Naturwesen. Am Abend kann man in den Gottesdienst gehen oder eine kleine Dankeszeremonie abhalten, indem man auf das Jahr zurückschaut und es reflektiert. Es ist wichtig, dass wir uns ab und zu Zeit nehmen und Rückschau halten. Danken Sie für die guten Gaben, fühlen Sie den Segen in Ihrem Leben, und feiern Sie das, was im vergangenen Jahr gut und schön war.

Fragen

- Was war schön in diesem Jahr?
- Was ist in diesem Jahr geschehen, wofür ich danken kann?
- Welche Erlebnisse waren besonders einschneidend?
- Was habe ich erfahren und gelernt?
- Was waren die Geschenke in diesem Jahr?

- Wer war an meiner Seite und hat mich durch das Jahr begleitet?
- Was hat sich verändert?
- Was war das Motto dieses Jahres?
- Was habe ich zu Ende gebracht?
- Was habe ich besonders gut gemacht?
- Was steht noch offen?
- Was lasse ich zurück, was nehme ich mit?

Um 24 Uhr in dieser Nacht ist der eigentliche Beginn der Rauhnächte.

> *»Wenn wir nichts Heiliges einladen,*
> *können wir nichts Heiliges erfahren.«*

Damit Sie sich besser auf die kommenden besinnlichen Tage einstellen können, lade ich Sie nun zu einer kleinen Meditation ein. Weil das förmliche »Sie« bei geführten Meditationen eine gewisse Distanz hervorruft, möchte ich Sie hierbei mit dem vertraulicheren »du« ansprechen:

Kleine Weihnachtsmeditation

Begib dich in die Stille, und nimm das jetzt wiederkehrende ewige Licht in dich auf. Fühle das strahlende, goldene, ewige Segenslicht in deinem Herzen. Der Sieg ist schon errungen, auch wenn manche Herausforderungen noch bevorstehen.

Segne das neue Jahr mit diesem goldenen, strahlenden Christuslicht. Lasse das Licht in alle Hindernisse fließen, die dich scheinbar davon abhalten, deinen Weg zu gehen. Sieh, wie die Hindernisse sich auflösen. Aus der Vogelperspektive sind sie nur kleine Stolpersteine auf dem Weg, die du spielend meistern kannst. Vielleicht fühlst du sogar, wie dir dein goldener Lebensweg auf der Erde viel Spaß und Freude macht.

Sieh, wie dieses heilende Licht in dich einfließt und alles, was in dir nach Heilung ruft, segnet. Sende den Segen in all jene, die du liebst, und in alles, womit du in Liebe verbunden bist.

Empfange nun den geistigen Segen. Forme deine Hände zu einer Schale und schaue, welches geistige Geschenk du von den Lichtwelten erhältst. Nimm diese Lichtgeschenke in tiefer Dankbarkeit in dein Herz auf. Es sind die Segensgeschenke für das vor dir liegende Jahr. Die Geschenke können in Form von Bildern, Worten, Gedanken, Gefühlen, Farben oder ähnlichem kommen. Notiere sie dir!

1. Rauhnacht 24./25. Dezember
1. Weihnachtsfeiertag
25. Dezember
Namenstag: Anastasia
Steht für den Monat: Januar
Thema: Basis – Grundlage

Der Name Anastasia bedeutet »die Auferstehende.«
Erhebe dich aus der Dunkelheit in das Licht.

Der 25. Dezember ist ein Feiertag, den man meist mit der Familie verbringt und an dem man sich durch Geschenke gegenseitig eine Freude bereitet. Der Tag dient dazu, die eigenen Wurzeln zu stärken. Es ist ein Fest der Familie und der Einheit.

- Betrachten Sie Ihre Basis.
- Schauen Sie auf Ihre irdischen Wurzeln, Ihre Familie.
- Auf welchem Fundament stehen Sie?
- Was möchte Heilung erfahren?
- Segnen und ehren Sie Ihre Wurzeln.
- Schauen Sie, was Sie benötigen, um Heilung zu finden.

»Wohlstand bedeutet ›wohl stehen‹.«

Zünden Sie für alle, die Sie lieben, ein Licht an, und segnen Sie es von ganzem Herzen. Schauen Sie, welche Geschenke Sie zu Weihnachten bekommen und was Sie anderen geschenkt haben. Dies hat auch symbolische Bedeutung und kann als Zeichen für das kommende Jahr gedeutet werden.

Kleine Übung

Machen Sie auch der Natur ein Geschenk. Das können Körner für die Vögel, Wasser, Milch, Räucherstäbchen, Brot oder ähnliches sein. Legen Sie das Geschenk mit guten Wünschen in Ihrem Herzen an die Wurzeln eines Baumes. Lassen Sie ein Nachtlicht für die Ahnen brennen, die vor Ihnen da waren und Ihren Weg geebnet haben.

Das Rauhnachttagebuch

Dieser Tag steht für den Monat Januar. Beginnen Sie heute, Ihr Rauhnachttagebuch zu schreiben und die Ereignisse um sich herum genau zu beobachten.

Träume

Achten Sie verstärkt auf Ihre Träume. Alles, was wir in der materiellen Welt erleben, ist in der Welt der Gedanken, Gefühle und Energie entstanden. Alles wird, bevor es real wird, zunächst erst einmal geträumt. Nehmen Sie die Fragen, die Sie haben, mit in den Traum. Laden Sie die Lichtwelt mit ein, bevor Sie einschlafen. Sie werden eine Antwort erhalten – auch wenn es bis zu drei Nächten und drei Tagen dauern kann. Die Nacht ist der Ursprung des Werdens. Schenken Sie ihr nun Ihre Aufmerksamkeit. Schreiben Sie auf, was Sie empfangen.

2. Rauhnacht 25./26. Dezember
26. Dezember, 2. Weihnachtstag
Namenstag: Stephan
Steht für den Monat: Februar
Thema: Höheres Selbst – Innere Führung

»Verbindung mit dem geistigen Zuhause bedeutet Heimkehr.
Die Quelle ist in dir.«

Dieser Feiertag ist der Anbindung an Ihre eigene höhere Natur gewidmet. Daher ist es heute an der Zeit, sich mit Ihrem höheren Selbst zu verbinden. Sie haben einen eigenen Anschluss an die Quelle. Sie sind behütet von Engeln und anderen lichtvollen Kräften, die Sie tragen und begleiten.

Versuchen Sie, sich heute für eine gewisse Zeit bewusst mit der Quelle in Ihrem eigenen Inneren zu verbinden und Ihr geistiges Zuhause zu besuchen. Hier erfahren Sie, was für Sie in der kommenden Zeit wichtig ist, welche Kräfte und Seelenführer Sie begleiten werden. Meditieren und lauschen Sie auf Ihre innere Stimme. Es gibt viele Wege, sich mit der geistigen Welt zu verbinden, wie Astrologie, Orakel, innere Reisen, Meditationen oder Stilleübungen.

Fragen

- Was begleitet mich in das neue Jahr?
- Welche Meister/Meisterinnen sind in mir?
- Welche Erzengel/Engel sind an meiner Seite?
- Welches Symbol ist im kommenden Jahr wichtig?

- Welches Tier begleitet mich?
- Welcher Baum gibt dir Kraft?
- Welcher Pflanzenhelfer ist bei mir?
- Welches Mineral/welcher Edelstein tut mir gut im neuen Jahr?
- Welches Element ist bestimmend?
- Was gibt es noch zu lösen – oder zu erlösen?
- Was sind meine Ziele im neuen Jahr?
- Mit welchen Menschen möchte ich Kontakt haben?

Richten Sie sich eine Ecke oder einen besonderen Ort in Ihrer Wohnung mit diesen Kräften ein, stellen Sie einen Medizinbeutel für das neue Jahr her, malen oder kleben Sie Bilder der Kräfte, die mit Ihnen sind, in Ihren Kalender. Oder basteln Sie eine Collage, die Sie über Ihren Schreibtisch hängen können, und die Sie stets daran erinnert, dass Sie geschützt und gesegnet sind.

Kleine Übung: Stärkung der inneren Stimme

 Worauf suchen Sie eine Antwort? Welche Fragen brennen in Ihrer Seele? Nehmen Sie sich etwas Zeit. Konzentrieren Sie sich auf Ihre geistige Natur, die Anbindung an Ihr Höheres Selbst. Bitten Sie darum, dass Sie Ihre innere Stimme immer deutlicher wahrnehmen können. Stellen Sie nun Ihre Frage. Werden Sie still, und lauschen Sie für mindestens fünf Minuten in sich hinein. Notieren Sie sich, was Sie empfangen haben. Die innere Stimme ist ausnahmslos liebevoll und hilft Ihnen, den besten Weg für sich und Ihre Lieben zu finden.

3. Rauhnacht 26./27. Dezember
27. Dezember
Namenstag: Johannes
Monat: März
Thema: Lasse Wunder in deinem Leben zu
Herzöffnung

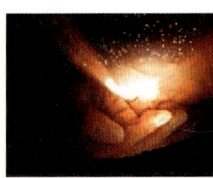

Der Name Johannes bedeutet »Gnade Gottes«
oder »Gott hat Gnade erwiesen«.
Gnade ist ein Ausdruck der bedingungslosen Liebe.

Die Feiertage sind vorbei, und wir beginnen wieder, unseren Tätigkeiten nachzugehen. Dieser Tag steht für März. März ist der Monat, in der die Natur sich zum Durchbruch bereit macht und sich erneuert.

Johannes als engster Vertrauter und Freund Jesus steht für die Liebe, Fürsorge und Begleitung, die jeder auf seinem Weg, auf die ein oder andere Weise erfährt. An diesem Tag kann man sich der Herzenergie widmen. Wer war für mich da, wenn es mir nicht gutging? Wer hat mich durch die guten und schweren Zeiten meines Lebens begleitet? Wer hat mir in diesem Jahr Hilfestellungen gegeben, gute Anregungen, Liebe, Freude und Glück gebracht? Wem habe ich die Hand gereicht, meine Liebe und meine Freundschaft geschenkt? Wer oder was hat mich Energie gekostet? Was ist in der Balance und was nicht? Welche Freundschaftsbande möchte ich stärken, welche etwas lockern, weil sich vielleicht die Wege geändert haben?

Öffnen Sie Ihr Herz immer und immer wieder. Es ist Ihr höchstes Gut. Bereinigen Sie alte Angelegenheiten, indem Sie sie vergeben und loslassen. Öffnen Sie sich für ganz neue Erfahrungen der Freundschaft, des Vertrauens und der Liebe. Atmen Sie das Licht in Ihr Herz und stellen Sie sich vor, wie es sich wieder wie eine Rose weitet und öffnet und bedingungslose Liebe in Sie hineinströmt. Liebe beginnt mit der Liebe für unser wahres Wesen. Sobald wir über uns schlecht denken, zieht sich unser wahres Wesen zurück und verursacht Schmerz. Erkennen wir das Licht in uns an, so beginnt es, aus unserem Herzen zu strahlen und zu leuchten. Wir können eine neue Vision der Liebe und des Miteinanders erschaffen und Wunder im Leben erfahren, wenn wir die Liebe in uns und damit die Liebe zu anderen zulassen.

Geistige Wunschliste

Heute ist der Tag, an dem Wünsche und Ziele für das neue Jahr formuliert werden können. Wünsche und tiefe innere Leidenschaften sind Hinweise auf unsere Lebensbestimmung. Das Göttliche ist Liebe und Freude, und alles, was Liebe und Freude in uns weckt und das innere Feuer entfacht, ist ein Wegweiser. Es geht nicht darum, äußeren, vergänglichen Dingen hinterherzujagen, sondern ganz bewusst den Sinn des eigenen Lebens zu erkennen und den Plan, den man für sein Leben mit auf diese Welt gebracht hat, zu entfalten. Es geht darum, tief in sein Herz zu hören und die Wünsche und Ziele zu erfühlen, die wirklich im Herzen wohnen und aus der Seele aufsteigen.

- Was mache ich am liebsten?
- Was bringt mein Herz zum Leuchten?
- Wobei empfinde ich Erfüllung und tiefe Freude?

Nehmen Sie sich Zeit, eine Wunsch-Ziel-Collage für das neue Jahr zu erstellen. Zünden Sie für jeden Wunsch ein Licht an, und geben Sie es an das Universum.

4. Rauhnacht 27./28. Dezember
28. Dezember
Tag der unschuldigen Kinder
Tag der Heiligen
Monat: April
Thema: Tag der Auflösung

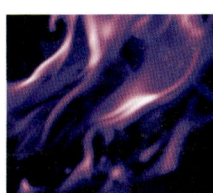

»Violettes Feuer, lodre, lodre, lodre,
in, durch und um jedes Elektron,
verwandle jede disharmonische Schwingung in Licht,
bis es dem göttlichen Plan entspricht.«

In der Heiligen Schrift ist überliefert, dass König Herodes den Mord an allen Kleinkindern im Land veranlasste, weil er im neugeborenen Sohn Gottes einen Rivalen sah und diesen vernichten wollte. Viele unschuldige Kinder mussten in diesen Tagen ihr Leben lassen.

Symbolisch steht dieses Ereignis am heutigen Tag für das Alte, das versucht, das Neue und Zukünftige zu unterdrücken oder gar zu vernichten.

Am Tag der unschuldigen Kinder ist es Brauch, Dinge, die in den vorhergehenden Rauhnächten nicht so gut gelaufen sind, zu bereinigen und damit die Schicksalsweichen für das kommende Jahr wieder positiver zu stellen.

Schreiben Sie all diese Dinge, wie beispielsweise Albträume, Streit, Unwetter oder ungute Nachrichten auf. Formulieren Sie dann alles Negative auf einem neuen Blatt ins Positive um, sodass Sie mit diesem perfekten »Drehbuch« für das neue Jahr vollkommen zufrieden sind. Verbrennen Sie abschließend den ersten, negativen Text.

Umwandlung negativer Ereignisse:

Hier eine kleine Übung zur energetischen Auflösung unguter Szenen der vergangenen drei Tage:

1. Rufen Sie sich die negativen Ereignisse noch einmal so gut wie möglich in Erinnerung.
2. Stellen Sie sich vor, wie die violette Flamme der Reinigung zu lodern und um diese Ereignisse herum zu leuchten beginnt. Beobachten Sie vor Ihrem geistigen Auge, wie sich diese unguten Ereignisse auflösen und sich in positive, freudvolle, strahlende Bilder verwandeln. Fühlen Sie so intensiv wie möglich die Freude und die Dankbarkeit über die Wandlung, die geschehen ist.
3. Halten Sie die Vision der neuen Bilder, tauchen Sie sie in kristallin-weißes Licht. Stellen Sie sich vor, wie der Segen von oben herabfließt und die neue Vision segnet.
4. Lassen Sie nun los, und seien Sie gewiss, dass Gnade geschehen ist.

Vielleicht gibt es eine Heilige oder einen Heiligen, den Sie sehr mögen und der Sie schon lange begleitet; dies kann beispielsweise auch Ihr Namenspatron sein.

Stellen Sie heute für diesen Heiligen ein Licht auf, um so die Bindung zu ihm noch mehr zu stärken und damit den göttlichen Teil in Ihnen selbst zum Leuchten zu bringen.

In der Meditation können Sie in Kontakt mit Ihrem Heiligen treten und schauen, was sie oder er Ihnen rät oder welche Botschaft er für Sie hat. Vielleicht erscheint auch ein anderer Heiliger, der Sie durch das neue Jahr führen will.

5. Rauhnacht 28./29. Dezember
29. Dezember
Namenstag: Thomas
Monat: Mai
Thema: Tag der Freundschaft

Jede wahre Freundschaft
hütet ein liebliches Geheimnis
der tiefen, stillen Verbundenheit.

Heute ist der Tag, um sich mit dem Thema Freundschaften zu beschäftigen. Thomas bedeutet »Zwilling« – es geht also um den Seelenzwilling. Sind Sie Ihr bester Freund, Ihre beste Freundin? Vergeben Sie sich zuerst selbst, und seien Sie gut zu sich. Nehmen Sie sich nun ein wenig Zeit, um Freundschaften, die Sie in Ihrem Leben aufgebaut haben, zu betrachten und zu ehren.

Vielleicht gibt es tiefe Freundschaften, die zerbrochen sind. Schauen Sie, was es braucht, damit es in der Seele Lösung, Heilung und Frieden findet. Bereinigen Sie das innere Feld, sodass neue Freundschaften und tiefe neue Erfahrungen der Liebe im neuen Jahr für Sie möglich werden.

Wo haben Sie sich selbst nicht vergeben? Schauen Sie noch einmal auf das Jahr zurück, und erkennen Sie Ihre Leistungen, Siege, Beiträge, Fehlschläge, Ihre Höhen und Tiefen und das, was Sie gut und richtig gemacht haben. Sagen Sie »Ja« zu sich selbst. Versuchen Sie, sich für mindestens fünf Minuten in einem positiven und guten Licht zu sehen. Liebe zu sich selbst löst Liebe zu anderen aus.

Das Gebot der Nächstenliebe lautet:
»Liebe deinen Nächsten wie dich selbst.«

Hier eine kleine Bereinigungsübung

1. Stellen Sie sich die liegende Acht vor.
2. Zwei Sonnenstrahlen aus der Quelle berühren jeweils einen Kreis.
3. Sie stehen in dem einen Kreis, Ihr Freund/Ihre Freundin in dem anderen.
4. Machen Sie sich nun alle Verbindungen bewusst, die sich im Laufe der Zeit gebildet haben.
5. Die Herzensverbindung ist immer da. Sie ist unantastbar.
6. Bitten Sie nun Erzengel Michael oder einen anderen Engel, die unguten Verbindungen zwischen Ihnen und Ihrem Gegenüber sanft zu lösen.
7. Überreichen Sie Ihrem Gegenüber auf geistiger Ebene ein Geschenk, und schauen Sie, welches Geschenk Sie von Ihrem Gegenüber aus seinem höchsten Licht erhalten.
8. Bedanken Sie sich für die Liebe und die Verbindung, die immer noch vorhanden ist.
9. Wenn alles gelöst und bereinigt ist, stellen Sie sich vor, wie sich die Acht in der Mitte teilt.
10. Es entstehen zwei Kreise mit einer jeweils eigenen Anbindung an die Quelle.
11. Die Kreise beginnen zu schwingen und finden einen guten und gesunden Abstand zueinander, der Achtung und Respekt mit einschließt. Es fühlt sich leicht und wohl an. Seien Sie sich bewusst, dass alles zu einem guten Ende kommen wird.

Lassen Sie Ihre Freunde wissen, dass Sie sie schätzen und achten. Dies kann durch einen Brief, einen Anruf oder eine liebe Geste geschehen.

6. Rauhnacht 29./30. Dezember
30. Dezember
Festtag der heiligen Familie
Monat: Juni
Thema: Bereinigung

Lasse los, schaue voll Zuversicht nach vorn.
Erwarte das Beste.

- Schauen Sie, was Sie im alten Jahr zurücklassen möchten.
- Nehmen Sie sich Zeit, und reflektieren Sie das alte Jahr.
- Bereiten Sie den Übergang in das neue Jahr vor.

Heute ist ein guter Tag, um sich mit der Familie zu verbinden. Bitten Sie den Engel Ihrer Mutter zu sich. Formen Sie Ihre Hand zu einer Schale, und lassen Sie sich ein Geschenk geben. Was will Ihre Mutter Ihnen von ihrer höchsten Ebene aus mitgeben? Nehmen Sie dieses Geschenk in Dankbarkeit an.

Bitten Sie den Engel Ihres Vaters zu sich. Formen Sie Ihre Hand wieder zu einer Schale, und lassen Sie sich ein Geschenk geben. Was will Ihr Vater Ihnen von seiner höchsten Ebene aus mitgeben? Nehmen Sie auch dieses Geschenk mit Dankbarkeit an.

Bitten Sie nun den Engel Ihres Partners zu sich. Was will Ihr Partner Ihnen schenken? Nehmen Sie auch dieses Geschenk mit Dankbarkeit an.

Wenden Sie sich nun Ihrem Partner zu, und bitten Sie Ihren Engel, Ihrem Partner auf geistiger Ebene ein Geschenk zu überreichen. Überlegen Sie, was Sie Ihrem Partner gerne schenken würden. Wenn Sie Kinder haben, schauen Sie, was

Ihr Engel Ihnen und Ihren Kindern gibt, und senden Sie ihnen auf geistiger Ebene das, was Sie ihnen schenken möchten. Bedanken Sie sich, und seien Sie gewiss, dass alles getan ist.

Segnen Sie Ihre Familie, und gehen Sie Ihren Weg in Frieden und Einklang mit Ihrer Seele.

Kleine Meditationsreise

Begib dich an einen geschützten Ort in deinem Inneren.

Triff dich mit dem Geist des alten Jahres, und lasse dir zeigen, was nicht so gut gelaufen ist und was du wirklich im alten Jahr zurücklassen möchtest. Lasse alles zu dir kommen, was Heilung braucht und losgelassen werden will.

Was gibt es noch zu vergeben? Was braucht noch einen Segen oder einen Abschluss? Was ist beendet? Was willst du auf keinen Fall mehr mit dir herumschleppen? Was hast du aus den Begebenheiten gelernt? Wozu hat diese Sache gedient?

Fühle die Dankbarkeit für die Herausforderungen im Leben. Bitte deine Engel und Schutzkräfte um Unterstützung, um bestimmte Angelegenheiten wirklich loslassen und Platz für Neues schaffen zu können. Schreibe alles auf Zettel und verbrenne sie mit etwas Weihrauch oder Salbei. So wie es in den Flammen vergeht, darf es auch in deiner Seele vergehen.

Räume deinen Wohnraum auf, räuchere, trenne dich von allem, was zerbrochen ist und dir nicht mehr dient.

7. Rauhnacht: 30./31. Dezember
31. Dezember
Namenstag: Silvester
Monat: Juli
Thema: Vorbereitung auf das Kommende

»Torweg: Übergang von einer abgelaufenen Zeit zu einer neu beginnenden Zeit. Guten Rutsch!«

Seit Einführung des Gregorianischen Kalenders im Jahre 1582 ist der 31. Dezember der letzte Tag des Jahres. Dieser Tag ist dem römischen Bischof Silvester (314–335) geweiht, um seines Todestages zu gedenken. Silvester begleitete den Übergang von einer Phase, in der die Christen verfolgt wurden, in eine neue Phase, in der das Christentum unter Kaiser Konstantin zur Staatsreligion erklärt wurde.

Jeder Übergang eröffnet neue Möglichkeiten, Dinge zu verändern, sie neu zu formen, sie anders zu gestalten. Bereiten Sie sich auf den heutigen Abend vor, indem Sie ein Bad nehmen, um alles Alte abzuwaschen und zurückzulassen. Träumen Sie dabei Ihre Vision vom neuen Jahr.

Bräuche und Riten rund um Silvester

- Man soll die Nacht im Kreise seiner Lieben verbringen. Dies ist ganz wörtlich zu nehmen, da der Kreis die Menschen beschützt.
- Man soll gute Vorsätze für das neue Jahr fassen und schauen, was sich im alten Jahr erfüllt hat und was nicht.

- Diese Nacht steht für die Austreibung böser Geister und die Vertreibung des Geistes des alten Jahres. Es ist in vielen Gegenden Brauch, die Wohn- und Arbeitsräume, die Stallungen und den Hof mit geweihtem Räucherwerk, meist Weihrauch, zu räuchern, um die Dämonen auszutreiben. Wer dies erst am Neujahrstag tut, könnte das neue Glück mit hinausfegen.
- Rote Unterwäsche zu tragen, verheißt glückliche Liebesstunden im neuen Jahr.
- Der Teller sollte leer gegessen werden, weil dies Geldsegen im neuen Jahr bringen soll.
- Vom Silvesteressen sollte bis Neujahr etwas übrig bleiben, weil das verheißt, dass man im neuen Jahr genug zu essen hat.
- Typische Silvesterspeisen: Sauerkraut, Erbsen bzw. Erbsensuppe stehen für Reichtum und Wohlstand. Schweinefleisch steht für Glück (man wird »Schwein haben«), Fisch steht für Vorwärtskommen. Geflügel bedeutet, dass einem das Glück davonfliegen wird.
- Es ist günstig, ein paar der Speisen mit den Naturwesen zu teilen. Man bringt einen kleinen Teller davon hinaus und stellt ihn an die Wurzeln eines Obstbaumes, damit die Fülle ins neue Jahr einziehen kann.
- Um Mitternacht wurden früher lärmende Umzüge veranstaltet, um das Alte zu vertreiben. Heutzutage gibt es weltweit große Feuerwerke zu Silvester, mit denen die Freude über das beginnende neue Jahr zum Ausdruck gebracht werden soll. Man zählt den Countdown, lässt die Sektkorken knallen, stößt auf das neue Jahr an und wünscht sich gegenseitig alles Gute und viel Segen im neuen Jahr.

- Oft wird an Silvester orakelt. In gemeinsamer Runde schaut man in die Karten oder gießt Blei und hilft sich gegenseitig dabei, die gegossenen Figuren zu deuten.
- Träume, die man in der Silvesternacht träumt, gehen in Erfüllung.

8. Rauhnacht: 31. Dezember/1. Januar
1. Januar
Neujahrstag
Monat: August
Thema: Geburt des neuen Jahres

»Viel Glück und viel Segen auf all deinen Wegen.
Wie das Neujahr beginnt, so wird das ganze Jahr.«

Im Jahre 1582 wurde der 1. Januar zum Jahresbeginn erklärt. Der Neujahrstag war der Tag der Narren, Priester und Bürger. Man maskierte sich und trieb Unfug. Dieser Brauch wurde später in den Februar bzw. auf das Fastnachtsfest verlegt.

Heute trifft man sich an Neujahr mit Freunden, wünscht sich Glück, verschenkt Glückssymbole wie Schweinchen, Glücksklee, Glückspfennige oder Glückskäfer. Senden Sie daher heute aus ganzem Herzen an alle Ihre Lieben gute Segens- und Glückwünsche aus.

Sie können das neue Jahr segnen, indem Sie Blumen oder Lichter an die Bäume stellen oder ins Wasser geben. Sie können auch jemanden besonders glücklich machen, indem Sie ihm eine Segenskette aus Blumen oder Muscheln schenken.

Bräuche zum Neujahrstag

- In manchen Gegenden wird am Neujahrstag alles mit gesegnetem Weihrauch ausgeräuchert.
- Wäsche sollte nicht zum Trocknen aufgehängt werden, weil dies Unglück bei der Arbeit und im Haus bringen kann.

- Wer zur Jahreswende gut isst, muss das ganze Jahr keinen Hunger leiden.
- Typische Neujahrsgerichte sind Linsensuppe oder Sauerkraut mit Würstchen. Die Portion sollte ganz aufgegessen werden, damit das Kleingeld im neuen Jahr nicht ausgeht.
- Auch Neujahrskarpfen und Fischsuppe sind üblich. Eine Fischschuppe wird unter den Teller gelegt. Anschließend soll diese in der Geldbörse getragen werden, was einen vollen Geldbeutel im neuen Jahr sichern soll.
- Heiratswillige Frauen stellen sich vor ihr Haus und werfen ihren Pantoffel über die linke Schulter. Weist dieser mit der Spitze vom Haus weg, so wird sie im kommenden Jahr heiraten.
- Um die Gesundheit zu fördern, springt man mancherorts mit Kleidern in einen kalten Bach.
- Schornsteinfeger und Müllmänner bringen Glück. Man sollte ihnen die Hand schütteln.
- Hufeisen werden aufgehängt, um Haus und Hof zu schützen und das Glück einzuladen.

9. Rauhnacht: 1./2. Januar
2. Januar
Namenstag: Kenaz – hl. Katharina – Caspar
Monat: September
Themen: Gold, Segenslicht

Am 2. Januar beginnt für viele wieder die Arbeit, und der
Alltag kehrt ein. Doch rückt ein Ereignis jetzt in den Mit-
telpunkt des Rauhnachtgeschehens, das schon ein wenig an
den Dreikönigstag erinnern lässt. Es ist der Tag der heiligen
Katharina, die verschiedene Aspekte der Erdmutter ausdrückt
und zugleich mit ihrem Attribut, dem Rad, für das Rad des
Lebens, d. h. für Geburt, Lebensverlauf und den Tod steht. Sie
hat sich auf den Weg gemacht, um das Sonnenkind mit den
Aspekten des Lebens zu segnen.

* Heute ist der Tag der Rune Kenaz, die »Fackel« oder
  »Licht« und im übertragenen Sinne »Wissen und Weisheit« bedeutet.
* Wilbeth – Katharina (die Reine, Aufrichtige) steht mit ihrem Symbol, dem Rad, dafür, dass man durch den Glauben das Schicksal verändern und Erlösung finden kann.
* Caspar bedeutet in persischer Sprache »Schatzmeister«,
  der das Gold bringt. Gold steht symbolisch für die Voll-
  kommenheit der Seele. Es befindet sich in der Mitte des
  Schicksalsrades.

Das Licht hat sich verkörpert. Es ist perfekt und vollkommen.
Wir alle sind Lichtträger und Lichtträgerinnen. Licht erstrahlt
in jedem Atom und in jeder Zelle. Es ist nun an der Zeit, sich

auf die eigene Mitte zu besinnen und sich auszurichten. In der Mitte ist Ruhe, Stille, Frieden, und daraus erwächst die Kraft. Verbinden Sie sich mit dem goldenen Kern in Ihrem Inneren.

Segnung für das neue Jahr

1. Entzünden Sie ein Licht für das neue Jahr.
2. Halten Sie einen Moment inne, werden Sie still, und verbinden Sie sich mit dem goldenen Licht, Ihrer unsterblichen Natur. Bitten Sie um den Segen für Ihr Leben und das neue Jahr.
3. Laden Sie das Gold in Ihr Leben ein.
4. Segnen Sie das neue Jahr, indem Sie sich vorstellen, wie goldenes Licht über Ihr Scheitelchakra in Ihr Herz und von dort in Ihre Hände fließt.
5. Nun stellen Sie sich die nächsten zwölf Monate vor, und senden Sie den Segen – eingehüllt in einen goldenen Segensstrom – in jeden einzelnen Monat des neuen Jahres.
6. Stellen Sie sich ganz genau vor, wie Sie den Segen voraussenden.
7. Achten Sie dabei auf Ihre Empfindungen und auf den Energiefluss.
8. Notieren Sie sich, wie es Ihnen mit den einzelnen Monaten ergangen ist.

10. Rauhnacht 2./3. Januar
3. Januar
Namenstag: Ehwaz – Ambeth-Margarethe Melchior
Monat: Oktober
Themen: Weihrauch, Visionen und Eingebungen, Verbindung mit dem Göttlichen

- Die Rune Ehwaz steht für das »M« und damit für Bewegung, Entwicklung und Fortschritt.
- Ambeth-Margarethe symbolisiert die Leben gebärende Mutter. Sie ist voller Liebe, Licht und Gutem. Ihr ist die Spirale des Lebens und der Kessel der Fülle zugeordnet.
- Melchior ist der Weise aus dem Morgenland, der den Weihrauch zur Krippe bringt.

Wenn wir unseren Weg gehen, können wir aus einer unermesslichen Quelle von Möglichkeiten schöpfen. Wir haben die Option, auf diese oder jene Weise zu handeln, können uns für diesen oder jenen Weg entscheiden, diese oder andere Worte sprechen.

Weihrauch symbolisiert die Heiligkeit im Inneren eines jeden Menschen. Das »Lebensgold«, das uns für eine gewisse Zeit zur Verfügung steht, wird von einem festen Zustand mithilfe des Feuers zu Rauch, der in den Himmel steigt – so wie jede Lebenstat vorübergeht und als Erinnerung in Licht geschrieben bleibt.

Heute geht es darum, sich Folgendes bewusst zu machen:
- Wie nutze ich meine Gedanken, meine Vorstellungsgaben, meine Ausdruckskraft in Wort und Tat?

- Wofür verwende ich meine Lebensenergie?
- Wie handle ich mit meiner Lebensenergie, die mir für diese Zeit hier auf der Erde zur Verfügung steht, und wie teile ich sie ein?
- Womit verbringe ich die meiste Zeit?
- Welche Situation soll sich wandeln und verbessern?

Die Vergangenheit liegt hinter uns, der gegenwärtige Augenblick ist jetzt, die Zukunft ist noch nicht da. Jeder Tag bietet eine neue Gelegenheit, sich auszurichten, um neue und bereichernde Erfahrungen zu machen. Schauen Sie in Ihre Zukunft.

Sie können jetzt im Geiste damit beginnen, Ihre Lebenssituation zu verbessern.

Erschaffen Sie sich eine Vorstellung von dem, was Sie in Ihrem Leben, in diesem Lebensjahr, verändern möchten, und überlegen Sie sich, was Sie dazu beitragen können, dass sich bestimmte Lebenssituationen verändern bzw. verbessern. Jede Veränderung beginnt zunächst in Ihnen selbst.

Meditiere über den Satz:
»Das einzig Beständige
ist der Wandel.«

11. Rauhnacht 3./4. Januar
4. Januar
Berkana – Borbeth-Barbara – Balthasar
Monat: November
Themen: Loslassen, Abschied nehmen, Beschäftigung mit dem Tod

- Die Rune Berkana steht für Fruchtbarkeit und ist das Symbol von Mutter Erde. Sie bezieht sich auf Geburt, Heirat, Tod und verspricht ein friedvolles und fruchtbares Leben.
- Borbeth-Barbara steht für das Zerschneiden des Lebensfadens und alter Verbindungen. Ihr Symbol ist der Turm. Der Name der Erdgöttin Beth steht für das Bett, in dem wir schlafen. »Beten«, »betten« und »bitten« stehen auch damit in Zusammenhang. Beth garantiert, dass der Tod nur etwas Vorübergehendes ist. »Bar« bedeutet sowohl gebären als auch die Totenbahre. »B« wird an die Haustüre gemalt mit der Bitte um Frieden, Ruhe, Schutz und Segen.
- Balthasar bedeutet: »Gott schütze sein (ewiges) Leben.« Er bringt die Myrrhe, die früher auch für die Einbalsamierung der Toten verwendet wurde. Myrrhe steht für den menschlichen Aspekt, der mit dem Tod vergeht.

Wenn wir uns mit dem Tod beschäftigen oder ihn miterleben, so erfahren wir, dass unser Dasein hier auf der Erde zeitlich begrenzt ist. Dies führt uns zu den Fragen des Lebens:

- Warum bin ich hier?
- Was will ich hier auf die Erde bringen?

- Was ist mein Lebenssinn?
- Was ist mein Lebensziel?

Wenn wir in unsere innere Mitte kommen, sind wir in der Lage, unser Leben neu zu ordnen und unsere Energie neu einzuteilen. Wir können viel bewegen, wenn wir aus der inneren Anbindung heraus handeln. Viele Menschen haben zu allen Zeiten ihre unsterbliche Energie hier in dieser Ebene verankert. Man beschäftigt sich heute noch mit ihren Schriften, Lebensverläufen und Erkenntnissen.

Nehmen Sie sich etwas Zeit, und beschäftigen Sie sich mit dem Tod. Er findet jeden Tag im Leben statt.

- Was ist endgültig vorbei?
- Wo fühle ich mich gefangen und möchte mich befreien?
- Was will nun wirklich losgelassen werden?
- Was ist mir für mein Leben wichtig?
- Wofür setze ich meine Lebensenergie ein?
- Was soll am Ende meines Lebens über mich gesagt und geschrieben stehen?

Die Beschäftigung mit der Vergänglichkeit des Lebens bzw. der zeitlichen Begrenzung kann dabei helfen, das Leben neu zu ordnen, es zu strukturieren und sich auf das zu fokussieren, was man in diesem Leben erfüllen und erleben möchte.

12. Rauhnacht 4./5. Januar
5. Januar
Heilige drei Madl – Tag der Gnade
Vorbereitung auf die Perchtennacht
Nacht der Wunder
Monat: Dezember
Thema: Räuchern und bereinigen

Der 5. Januar ist ein besonderer Tag. Heute kann man, wie am Tag der »unschuldigen Kinder«, Dinge, die in den vergangenen Rauhnächten nicht so gut gelaufen sind, wieder gutmachen.

Nehmen Sie sich Zeit, und lassen Sie die letzten zwölf Nächte und Tage an sich vorbeiziehen. Was ist nicht so gut gewesen? Was hat Sie belastet? Welche Zeichen haben sich nicht gut angefühlt? Schreiben Sie alles auf. Verfahren Sie dann so wie auf Seite 86 beschrieben. Dieser Tag wird genutzt, um sich auf die bevorstehende Nacht, die einen besonderen Segen und Zauber beinhaltet, vorzubereiten.

In dieser Nacht finden vielerorts die Perchtumzüge und Perchtläufe statt bzw. erreichen ihren Höhepunkt und zahlreiche Sitten und Bräuche werden ausgeführt.

Die Nacht vom 5. auf den 6. Januar wird auch »Hollanacht«, »Perchtnacht«, »Dreikönigsnacht« oder »Nacht der Wunder« genannt. Ein letztes Mal begehrt die Wilde Jagd auf, bevor sich nun die Tore zur Anderswelt wieder schließen.

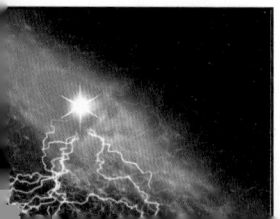

Bräuche in der Nacht der Wunder

- Man stellt in dieser Nacht »Perchtmilch«, »Sampermilli« oder »Drei-Königs-Milch« bereit und backt daraus am nächsten Tag den Dreikönigskuchen. Dieser soll Segen und Fruchtbarkeit für das ganze Jahr bringen.
- Hüte und Kopfbedeckungen werden in dieser Nacht geräuchert, was Klarheit bringen, die Konzentration fördern und gegen Kopfschmerzen helfen soll.
- Magische und rituelle Gegenstände werden in dieser Nacht geweiht, geräuchert und energetisch aufgeladen.
- Wasser, Salz, Kreide und allerlei andere Gegenstände werden hauptsächlich in der Kirche geweiht, als Schutz und Kraft für Mensch und Tier sowie vor bösen Mächten.
- Wasser, das um Mitternacht aus den Quellen geschöpft wird, hat große Segens- und Heilkräfte.
- Um Mitternacht kann man die Dreifaltigkeit am Himmel erblicken, und drei Wünsche gehen in Erfüllung.
- Da sich in dieser Nacht unheimliche Kräfte tummeln, geht man nicht gern nach draußen.
- Der Dreikönigswind ist ein heiliger Wind, der Stube und Haus segnet. Deswegen werden um Mitternacht alle Türen und Fenster aufgemacht, um den Segen ins Haus zu lassen.
- Es ist Brauch, in der Nacht vor dem Dreikönigstag in den Kamin zu sprechen, damit in das Haus kein Blitz einschlägt. Dabei soll man sagen: »Die Heiligen drei Könige sind hier. Kommen sie heute nicht, kommen sie morgen in der Früh.«
- Träume dieser Nacht gehen in Erfüllung.

5./6. Januar
6. Januar
Heilige Drei Könige, Frau Holle-Tag,
Epiphaniazeit – Erscheinung des Herrn
Themen: Segen, Abschluss der Rauhnächte

Der 6. Januar stellt den Abschluss der Rauhnächte dar. Die Heiligen drei Könige erreichen das Christkind, um es zu segnen. Am 6. Januar feiert die Kirche die »Erscheinung des Herrn«. Man gedenkt dabei der Anbetung der Heiligen drei Könige, der Taufe Jesu im Jordan sowie der Hochzeit zu Kanaa, bei der er sein erstes Wunder wirkte. Bis zur Mitte des 6. Jahrhunderts feierte man in Rom an diesem Tag die Geburt Jesu, heute ist dies nur noch in der Ostkirche Brauch.

Um 24 Uhr in der Nacht auf den 6. Januar beendet ein neues Strahlen und Leuchten die Zeit des Todes und der Dunkelheit, die sich in Gestalt der »Wilden Jagd« zeigte.

Frau Holle hat das Schicksal gewogen, bemessen und zeigt nun deutlich, wie es weitergeht. Fleißige Menschen, die anderen viel Gutes getan haben, werden belohnt, faule, unflätige, gierige und eigennützige Menschen sollten zur Umkehr gemahnt werden. An diesem Tag ziehen die Sternsinger umher und segnen die Häuser, indem sie mit geweihter Kreide die Buchstaben C+M+B über die Haustüre schreiben. Früher war es Brauch, Glücksmünzen zu verschenken oder sie in ein Brot oder einen Kuchen einzubacken. Wer das Stück mit der Münze erhält, wird im neuen Jahr Gück haben.

Bräuche in der Dreikönigsnacht

- Die geweihte Kreide wird dem Vieh – zusammen mit Salz – zum Fressen gegeben, um es zu segnen. Zudem werden die Tiere mit einem Kreidekreuz bezeichnet, damit sie geschützt sind und immer wieder den Weg nach Hause finden.
- Die mit Kreide geschriebenen Initialien C+M+B sollen die Häuser vor Brand, Unwetter und Einbruch schützen.
- Wanderer und Reisende können sich diese Initialien auf Zettel schreiben und sich diese mit den Worten »Die Heiligen drei Könige sind meine schützenden Begleiter« in den Kniekehlen befestigen. Dies soll eine sichere Reise und ein heiles, schnelles Ankommen gewährleisten sowie vor Angriffen, Räubern und Unwetter schützen.
- Scheint die Sonne an diesem Tag, kündigt dies ein friedliches Jahr an.
- Eine Wünschelrute, die am Dreikönigstag hergestellt und einem der Heiligen drei Könige geweiht wird, ist unfehlbar. Sie kann einem der drei Könige geweiht werden. Weiht man sie Caspar, so findet sie Gold, bei Balthasar Silber und Melchior geweiht findet man Wasser.
- Wer ab seinem siebten Lebensjahr an diesem Tag fastet, erfährt rechtzeitig, wann er sterben wird.
- Wer beim Glockenläuten einen Holzpfahl aus der Erde zieht, kann Weissagungen für das kommende Jahr empfangen.

Nachwort

Zum Tag der Heiligen drei Könige am 6. Januar schließen sich die feinstofflichen Tore der Anderswelt.

Bevor wir uns wieder ganz und gar in den Tätigkeiten des Alltags verlieren, haben wir jetzt noch einmal Gelegenheit, die vergangenen zwölf Nächte an uns vorbeiziehen zu lassen.

Als kleines Ritual würde ich Ihnen empfehlen, sich eine Kerze anzuzünden und in der Rückschau die vergangenen Tage und Nächte noch einmal ganz genau durchzugehen. Wenn Sie sich Notizen gemacht haben, lesen Sie sie noch einmal in Ruhe durch. Welche Erinnerungen haben Sie verarbeitet, was ist liegengeblieben oder möchte noch aufgearbeitet werden? Was braucht noch etwas Zeit, und was nehmen Sie an neuen Erkenntnissen mit in das vor Ihnen liegende Jahr?

Dabei können Sie sich auf die Träume, die Lichtempfindung, Stimmungen, die Begegnungen, die Ereignisse, die in dieser Zeit stattgefunden haben, Briefe, Erkenntnisse der letzten Tage, schönen Momente und weniger schönen Momente konzentrieren. Welches Thema hat Sie in den vergangenen zwölf Tagen und Nächten am meisten beschäftigt? Was war ein immer wiederkehrendes Thema?

Wenn Sie nun den letzten zwölf Tagen und Nächten ein Motto geben würden, mit welchem Satz würden Sie diese nun zusammenfassen? Schließen Sie kurz die Augen, und schauen Sie, welche Farbe Ihnen im Rückblick in den Sinn kommt. Jede Farbe hat eine besondere Schwingung, und die ihrige wird wohl im neuen Jahr den Ton angeben. Es ist die

Farbe Ihres neuen Jahresengels. Sie können sich eine große Kerze in dieser Farbe besorgen, die Sie immer dann entzünden, wenn Sie von den Engeln und dem geistigen Reich Hilfe, Schutz und Kraft benötigen. Welcher Duft kommt Ihnen in den Sinn? Welches Gefühl steigt in Ihnen auf?

Im Ausklang filtern wir die Quintessenz heraus, die uns wie eine »Seelenmedizin« durch das neue Jahr begleiten kann. Senden Sie diese Farbe wie einen Segensstrom, auf dem Sie getragen werden, in das neue Jahr hinein.

Das Sonnenkind lenkt nun seine Strahlen in das neue Jahr. Vielleicht haben Sie in den Rauhnächten eine leise Ahnung von dem gewonnen, was Sie nun erwartet, worauf Sie Ihren Fokus lenken möchten, was zu tun und was zu lassen ist, wo Sie heilsam und gut eingreifen können, was Sie weiterhin fortführen möchten, und was Sie einfach akzeptieren sollten.

Wenn Sie nächstes Jahr wieder an diesem Punkt stehen, können Sie Ihre Notizen wieder zur Hand nehmen und schauen, ob das Jahr wirklich dementsprechend verlaufen ist, ob es in den jeweiligen Monaten Ereignisse gab, die Sie vielleicht im Traum oder an dem Tag, der für diesen Monat steht, vorausgeahnt haben … Auf diese Weise bekommen Sie ein Gefühl für die Botschaften aus den geistigen Reichen und die schicksalhaften Weichen, die in diesen besonderen Nächten gestellt werden.

Möge das neue Jahr viele schöne und ungeahnte Segnungen für Sie bereithalten! Mögen Sie das Beste erwarten und erhalten.

Jeanne Ruland

Quellennachweis

- Bächtold-Stäubli, Hans (Hrsg.): Handwörterbuch des deutschen Aberglaubens. Berlin 1987
- Bausinger, H./ Meier, E.: Deutsche Sagen, Sitten und Gebräuche aus Schwaben
- Birlinger, Anton.: Volkstümliches aus Schwaben. Freiburg 1861–62
- Cloos, Walther: Das Jahr der Erde. Stuttgart 1986
- Cotterell, Arthur: Die Enzyklopädie der Mythologie. Reichelsheim 1999
- de las Heras, Brigitta: Die Reise durch den Jahreskreis. Darmstadt 2005
- Grimm, Jacob: Deutsche Mythologie. Göttingen 1835
- Kleist, Herbert: Volksglaube und Volksbrauch während der Zwölften im ostdeutschen Landschaftsraum. Greifswald 1938
- Knaurs Lexikon der Mythologie. München 1989
- Maier, Bernhard: Lexikon der keltischen Religion und Kultur. Stuttgart 1994
- Prokofieff, Sergej O.: Die zwölf heiligen Nächte und die geistigen Hierarchien. Dornach 1987
- Ruland, Jeanne: Elfenkraft-Kochbuch. Darmstadt 2007
- Simek, Rudolf: Religion und Mythologie der Germanen. Stuttgart 2003
- Steiner Rudolf: R. Steiner Gesamtausgabe. Dornach: Die Geheimwissenschaft im Umriss. Dornach o. J.
- Warneck, Igor: Ruf der Runen. Darmstadt 2000

Jeanne Ruland
Advents- und Weihnachtsrituale
Warten auf das Licht des neuen Morgens
112 Seiten
ISBN 978-3-89767-929-0

Dieses zauberhaft gestaltete Büchlein ermöglicht es Ihnen, die Vor-weihnachtszeit auf ganz besondere Weise zu genießen. Lassen Sie sich von der beliebten Autorin Jeanne Ruland auf die Adventszeit einstimmen: Nach einer informativen Einleitung, in der Sie Hinter-grundwissen über diese wundervolle Zeit erhalten, können Sie das Buch wie einen Adventskalender nutzen, denn die Autorin hält vom 1. bis zum 24. Dezember an jedem Tag eine Überraschung für Sie bereit. Ausgewählte Rituale, Meditationen, Übungen und Tipps begleiten Sie beim Warten auf das Licht des neuen Morgens.

Jeanne Ruland · Sabrina Dengel · Diana Holzschuster
Elfenkraft-Kochbuch
Kochen im Einklang mit der Natur
224 Seiten
ISBN 978-3-89767-324-3

Elfen und andere Naturgeister führen Sie mit den Rezepten dieses besonderen Kochbuchs zurück zu den lebendigen Zyklen der Natur. Die zahlreichen liebevoll zusammengestellten Gerichte einer gesunden, natürlichen Küche folgen dem Jahreszyklus und sind den Monaten zugeordnet, in denen die verwendeten Zutaten Saison haben. Natürlich finden Sie in diesem Buch auch die Beschreibung verschiedener Naturgeister und erhalten Hinweise, wie Sie sie in Ihr Leben einladen können. Auch die fünf Elemente Erde, Feuer, Wasser, Luft und Äther nebst ihrer Bedeutung für uns werden erläutert. Schließlich erhalten Sie eine Liste essbarer Blüten sowie eine Aufstellung von Kräutern und Gewürzen samt ihrer Wirkung auf Körper und Bewusstsein. Die zauberhafte Gestaltung mit eigenen Fotos der Autorinnen machen dieses Kochbuch auch zu einem wahren Augenschmaus.

Jeanne Ruland
Immerwährender Jahreskreis-Kalender
Ein spiritueller Lebensbegleiter
184 Seiten
ISBN 978-3-89767-873-6

Dieser wunderschön gestaltete immerwährende Kalender erfüllt alle Voraussetzungen, ein zuverlässiger Begleiter fürs Leben zu werden. Jeanne Ruland erläutert zu Beginn Wissens-
wertes über die Wochentage, über Glück sowie Sternzeichen
in verschiedenen Kulturen, und sie gibt Informationen zu den
Festen, die im Jahreskreis gefeiert werden. Nach dieser liebe-
vollen Einführung begleitet sie Sie im Kalendarium mit vielen
hilfreichen Informationen durch das Jahr. Sie lernen die Qualitäten und Energien eines jeden Monats kennen, erfahren Auf-
schlussreiches über besondere Tage und können Anregungen,
Gedichte, Meditationen und Hintergrundinformationen zu
verschiedenen Bräuchen nachlesen. Füllen Sie diesen Kalender
mit (Ihrem) Leben, indem Sie wichtige Daten darin festhalten.

Jährlich wiederkehrend:

Jeanne Ruland
Aloha-Kalender 2012
Mit einer entspannten, herzlichen Haltung durch das Jahr
- Ein kleiner Taschenkalender -
ISBN 978-3-8434-9906-4

Die Kahunas sagen: »Ihr habt die Uhr, und wir haben die Zeit.« Der hawaiianische Schamanismus zieht viele Menschen in seinen Bann, weil er eine zutiefst liebevolle, aufrichtige, alte Weisheit im Umgang mit sich selbst, seinen Mitmenschen und seiner Umwelt in sich trägt. In diesem liebevoll gestalteten Kalender finden Sie eine Einführung in die Götter- und Symbolwelt des Hunasystems, Übungen und Rituale, mithilfe derer Sie sich auf Ihre Mitte ausrichten können, sowie lichtvolle Impulse für jede Woche. Die wichtigsten astronomischen, gesellschaftlichen und spirituellen Ereignisse und Besonderheiten des Jahres, Aphorismen und Gedichte, spirituelle Tipps und Informationen zum jeweiligen Jahr runden den reichhaltigen Informationsschatz dieses Jahresbegleiters ab.

Ich wünsche mir aus tiefstem Herzen für mich und andere: